FALLING

IN LOVE

WITH

MY IMPERFECT

SELF

不完美的你，
笑起來最美

女 王——

著

時報出版

學會愛上，
不完美的美好人生

　　想到這本書的書名「不完美的你，笑起來最美」，是有一天推車推著小豬寶回家路上，經歷一整天的疲憊的我，想到回到家還是一場硬戰。一邊走著一邊看小豬寶，他突然對我露出最天真燦爛的笑容，撒嬌叫我：「媽媽」，那一刻，我也笑了。

　　看著他的笑容，我腦海想到了這句話：「你笑起來最美」，再想想我的不完美生活，突然懂了。我們以為的不完美，其實有很多美好的地方，譬如說，就算忙碌疲憊的生活，但有了孩子的一個笑容，我們就覺得好幸福！而幸福快樂並沒有我們想像的那麼難，只是我們會不會在生活中發現讓自己感動、珍惜的事物。

　　過去的我，總是覺得幸福應該就是美好的，但有了孩子後，發現生活中會有太多難以預料的挑戰和壓力，還有對自己的質

疑，對生活、婚姻的不滿足，當你越想要完美，卻發現離完美越來越遠。那樣的失落，會讓你不快樂。

生活有太多的不美好，我們也有好多不足、不夠好的地方。如果一直往這個方向去想，我們就會越來越不快樂、失去笑容。

後來我發現，一味的追求美好與完美，並不是讓自己更幸福的方法，而是，學會欣賞生活中那些不美好的地方，接納不夠好的自己，不要給自己太高的標準，而是在自己能力範圍內，找到平衡、進步的方法。生活還是要過，我們可以哭著過，也可以笑著過！

如果我總是專注於那些懷疑自己、否定自己的事情上，一直覺得自己不夠好，即便我進步了，我還是沒有自信。如果我要跟別人比較，我也不會快樂，如果我要逼自己去當一個不像自己的人，我更不可能笑的開心。

所以我決定，當一個快樂的、不完美的自己，然後再去找讓自己開心的方式，讓生活可以變得更好的方法。如果生活中勢必要為了孩子有所妥協（我不說是犧牲），我也要讓自己欣然接受、心甘情願。生活不容易，但我們可以從中找到生活得樂趣！

而且我發現，並不是擁有美好人生的人才是最快樂的，也不是你心中完美的人才是最幸福的。而是你用什麼態度去面對

你的人生！

以前，我們總是追求美好的人生，覺得這就是幸福。現在開始懂得欣賞不美好的生活、不完美的自己。

學會換個角度看見世界的美，讓自己活得更自在快樂，你可以看著黑暗，也可以看到陽光。我們要在原地抱怨、不再前進，還是往前尋找更棒的風景，其實都是我們的決定。

人生就像是我們精心安排的旅程，但往往最讓你印象深刻的美好經驗，都是那些意外的插曲，或迷路時才看到的風景。

感謝一路走來，曾經的挫折與淚水，如果沒有跌過跤，怎麼知道自己還能多勇敢？如果沒有走過黑暗，我們怎能知道陽光有多暖？

這本書想一起分享那些不夠美好的愛，還有面對我們不夠好的勇氣。愛沒有那麼美好，而我們都是傷痕累累、犯錯又犯傻才能成長。所謂的幸福也不是不會吵架、完美無瑕，而是我們懂得怎麼和好。成為一個母親才知道我們做不到好媽媽的標準，但我們要做個快樂的媽媽。

懂得和不夠好的自己和好，或許才是我們能讓自己過得更好的方式。

經歷了生活，終於能懂，你笑起來最美，是因為你懂得不完美，你感受到幸福，是因為你學會愛上不美好的人生。

　　就像孩子的笑容提醒了我要珍惜所有，要記得，面對生活裡的不美好，要給自己一個微笑！

　　不完美的你，笑起來最美，
　　不完美的人生，最可愛！

Chapter 1 我們為自己好好地過吧

Chapter2 承認自己不夠好也是一種勇氣

Chapter3 我會為了你成為更好的我

Chapter4 愛是用心經營、持續累積

Chapter 1
我們為自己好好地過吧

真愛值得等待，不要活在別人的眼中，
而是知道自己真的要什麼

40 歲的感言：
以前追求愛情，現在
把自己生活過好最重要

　　朋友分享 40 歲的感言，她說 35 歲的時候看到身邊朋友結婚生子，覺得很羨慕也想要有個伴，但尋尋覓覓後才發現，為了追求愛情而忽略了自己，最後還是不會快樂。

　　「為了結婚而結婚，為了找到伴而著急，其實都不是對的。最後失去了自己，得到的也不是真的幸福。」

　　「當然，也是有人需要這種表面的幸福。就算婚姻不美滿，也至少表示我有結婚。」

　　「然後再去同情那些單身的女生說，妳們就是太挑了？」聽了忍不住大笑。

　　話說我以前單身時，最常遇到婚姻不幸、婚後外遇、婚後還是玩咖的人跟我催婚，我都想說：「Excuse me?」內心話，我單身也比你們 or 你們老婆好喔！

女人到了 30 歲會急，覺得自己到適婚年齡是不是要快點找對象？到了 35 歲還單身的女生，看著身邊朋友紛紛步入禮堂，更會怕自己年紀不小了，是不是要快點結婚？

很多時候，因為自己心裡著急，反而遇到不好的人還會美化他、或以為自己太挑而變得「不挑」，太過將就把自己放太低，甚至會遇上有心想要欺騙的人，這種急著找對象的心態，往往會讓自己變得盲目，更看不清楚。

35 歲的女生，其實分成兩種，一種是把感情看淡，覺得有沒有愛情或婚姻也沒差，甚至會不想再談感情。另一種就是想要早點終結單身。

我自己是到了 35 歲才有想結婚的念頭，覺得自己心態夠成熟，也想找尋可以跟自己長久走下去的伴侶。那時候我有目標，但我也沒有很急，單身的時候剛好有機會可以認識異性，那時候也很奇妙，有蠻多也想要穩定下來、想結婚的男生剛好都在那時約我或追求我，讓我有機會可以多看看自己到底適合什麼樣的人。

雖然那時候遇到的單身男生都是很不錯，世俗上條件好的男生，也不少對我很好、很喜歡我的，但是我總是覺得在他們身上我找不到想要在一起、一起步入婚姻的感覺。或許談戀愛還 OK，但是我希望可以找共度一生的伴侶，就不只是談談戀愛了。

遇到我的另一半，我很快的找到了答案，就是我在他的身上感覺到「家」，原來這才是有讓你步入婚姻的特質。那與他條件好壞與否無關，而是你能夠安心踏實的跟一個人邁向人生另一階段的意義。

結婚後會鼓勵大家結婚嗎？其實我結婚後，常說的就是「不要隨便結婚」。因為看得太多，結婚後真正幸福的太少，所以我從不鼓勵催婚。

因為婚姻並不是 Happy Ending，而是真實人生的 Beginning. 與其追求婚姻，不如把自己的人生過得好，才是最踏實的。希望婚姻來拯救你的人，通常都會在婚後失望後悔。

聽了朋友 40 歲的生日感言，想想，身邊很多年紀差不多的單身女生，朋友也很多，我覺得她們都過得很好，很多都比已婚的好。

所以我也從不問：「想不想結婚？」這種笨問題。

朋友提出了一個重點「把自己生活過好，比追逐愛情重要」。其實，就算你有伴了、已婚了，也是要把自己生活過好，不是嗎？

因為過得不好才要有人拯救，不夠愛自己才希望有人愛妳，把人生寄託在愛情婚姻和別人手上，是最可怕的事。當他不要妳了，妳什麼也不是。

把生活過好，才能遇上夠好的人，即使沒遇到，妳也豐富精彩了自己的人生。

朋友說：「畢竟我們也過了沒人愛會死的年紀，他不愛我就活不下去的年紀了！」

「是啊！我沒收入才想死！」哈！真是好結論。

* * * * *

單身過得不開心，找個伴也不會讓妳開心，
戀愛讓妳不快樂，勉強結婚只會更不快樂，
婚姻若是不幸福，生個小孩只會加速毀滅。

愛情、婚姻、生子，並不能證明什麼，無法改變別人，更不能解決問題。

如果自己的問題不解決，不願面對問題，只會製造更多的問題……然後矇住雙眼，推給小孩，怪罪命運，逃避問題。

先好好地過好自己的生活，不要把人生的希望都寄託在愛情、婚姻、別人身上。

當你的腳步站穩了，你可以向前走、爬得更高，看得更遠，你會知道，很多東西都只是附加價值，只有你自己才是最核心的。所以，不要在別人身上找價值。

當你越想要一段關係來解決你的問題，你只會更加失望痛苦。而這種痛苦，你會誤以為是為了得到愛所做得偉大犧牲。

任何帶著痛的愛，都不如單身、獨處美好。

有質感的愛值得等待。在那之前，我們為自己好好地過吧！不勉強、不將就、不著急。

No.02

• • •

不適合
結婚生子的人

　　有些人就是不適合結婚生子，妳又何苦逼他？

　　跟朋友聊到一些外遇事件小三出來嗆聲的、外遇不付贍養費的、不顧家庭只顧玩樂的……朋友感嘆：「其實他們並不適合婚姻。」

　　「可是，那些 不適合結婚生子的人，偏偏都結婚生子了。」然後，造成更多的問題和傷害。

　　誰曉得他不適合？說不定他自己也不知道呢！

　　收到很多關於婚姻的問題，她們都會說：「我老公很沒有責任感，讓我活得像單親媽媽」、「他都不分擔家事，又叫不動他」、「他回家只會打電動，什麼都丟給我」、「他還在外面裝單身、搞曖昧」……

　　有時我會想問，他是婚前就這副德行嗎？還是婚後才變？如果婚前就是個沒責任感、沒家庭觀念的人，妳怎能期待他結婚生子會改變？

談談戀愛還行，要組家庭又是另一回事。愛玩的婚後也是玩，沒責任感的就擺爛。結了婚後，只會更差，不會更好。

「那為什麼他們要去結婚害人？」

有的人他知道不適合、不喜歡，但他還是會去結婚生子，要符合別人的期待，或給個交代。

「那我們要怎麼避免遇到這樣不適合的人？」

可以多觀察吧，譬如說：責任感、忠誠度，還有家庭觀念。

他對任何事情是否認真負責，還是愛逃避、推卸責任？忠誠度不必說，妳應該很清楚（除非妳總是自己騙自己）。

家庭觀念，他是不是很想成家、對家人態度如何？有規劃未來嗎？還有，如果妳也想生小孩，妳要確定他是一個好爸爸。

朋友說，有沒有耐心、會不會帶小孩，就約個有小孩的朋友一起出來，然後把小孩丟給他。看他對小孩的態度。（小孩最好是很難帶的那階段。）

我也曾問過那些已婚男，為什麼不甘願還要結婚？他們說：「我要傳宗接代，給長輩交代」（所以老婆是代理孕母嗎）、「不想結婚但搞大肚子只好負責」、「婚姻早已沒有愛情，我也不想啊」、「我假日都想加班不要待在家」、「我很負責啊！該給的家用都有給，只是外面逢場作戲嘛……」（你是交女朋友吧。）

我會這麼晚婚，也是因為看了太多血淋淋的婚姻悲劇，所以提醒自己千萬不要為了昏／婚頭，而誤入歧途。

其實，他們也沒錯啊！本來就有人適合婚姻制度，有人不適合。又何必勉強他、為難自己呢？有的人也沒騙妳，天生風流很做自己，他就是不想定下來，妳又何苦呢？

「不適合結婚生子」不代表他不好，而是談談戀愛就好。有些人生經驗有過就好。

期待他婚後會改，不如期待第二春比較快。

很多人在籌備婚事時，才發現不對，來問：「到底要不要結婚？」我會說，人生是妳要過的，要為自己負責。

曾有人問我為何會決定和另一半結婚，我想了想說：「我跟他在一起有家的感覺。」這種穩定心安看得到未來的踏實感，是很難有的。

適不適合，真的需要一些人生的歷練，也包括，妳自己適不適合。

不適合，就不要勉強自己與對方。
他不適合妳，或許別人更合適他。
放下不適合，才能遇見真正的幸福。

「如果他不適合婚姻，那適合什麼？」

他最適合當前夫。

分手時
才看得到人品？

　　跟朋友聊天，她說：「人怎麼會變得這麼快？」

　　愛妳的時候，把妳捧上天、讓妳覺得自己是全世界最幸福的人。但當他不愛了，就羞辱妳、傷害妳，把妳說成很難聽。怎麼會有這麼大的反差？

　　「或許，分手時，才看得到一個人的人品吧！」

　　「但是，相愛的當下，怎能知道未來會變得如此不堪？」

　　我想，在選擇伴侶的時候，不能被他愛妳的時候對妳的舉動當作衡量的標準，愛情沖昏頭的當下，他可以輕易承諾、信口開河、把妳捧上天，話說得多好聽。然後妳就淪陷了……

　　但是，妳該看的不是他有多愛妳（當然愛很也重要），而是看他的「人品」，他現在可以愛妳，未來不一定，但是人品好的人，他不會去做傷害、羞辱妳的事。

　　他今天很愛妳，明天可能愛別人，現在對妳好，以後不會對別人好嗎？而且會對妳太好，好到妳覺得太超過人的能耐，

要小心，未來可能他會因失去、得不到而抓狂，要妳還他，甚至變成恐怖情人。

我都會建議，可以看看他對前任的態度，如果他聊起前任都會說得很難聽、氣憤不平，甚至到處說對方壞話、互相傷害……，妳不要傻傻的都聽他的、站他那邊，因為他怎麼對前任，有一天可能就這樣對妳。如果他對前任很刻薄、不厚道、不留餘地，那麼他可能就是很容易仇恨的性格，這樣的人通常都會是恐怖情人。

對前任的態度，也是人品的觀察。

有人會很在意對方愛不愛自己，有沒有對自己很好，而忽略了去看他的品格。如果他很愛妳，但是，他不夠善良、價值觀偏差、負能量超強、會去傷害欺騙身邊的人、沒有口德，工作上投機取巧、不從事正當工作、甚至違法……你可以想像任何人品不好的人會做得事。那麼，即便他有多愛妳、對妳多好，他都是危險的恐怖情人。

不要因為愛情，而覺得這些不重要、不相關，好的時候都沒事，等你們感情出狀況、發生事情，妳就會知道有多恐怖。

在相愛的當下，記得保持一些理性，去看他的品行、他的言行舉止、待人處事，如果覺得不OK時，不要因為「他很愛我」就遮住自己眼睛。

分手時才看得到人品？

太晚了！其實在選擇、談戀愛的時候，就要先看人品。

人品好的人，才是妳值得信賴、託付終生的對象。

◆　　◆　　◆　　◆　　◆

我的另一半，是人品比我好的人，所以跟他在一起，會讓我成長、進步，讓我變得更好。一個伴侶，可以讓妳幸福、不幸，也可以幫助妳成長，或墮落、退步。

我常在文章寫，學會欣賞一個男人的人品和本質，他要正直、忠誠、值得信任、有責任感和家庭觀念。

一個沒有這些本質的男人，世俗條件再好都不會讓妳幸福。

很多人説
擇偶要看「人品」，
但要怎麼看？

上一篇講到了「人品」，這裡來聊聊人品怎麼看？

看多了感情故事，會發現對方的人品才是最重要的條件，因為人品不好，其他的妳就不用期待了。不只是外遇，甚至暴力、欺騙、愛玩、沒責任感、不把妳當一回事。但很多人問，人品怎麼看？

1. 看他的交友圈

物以類聚，他常跟什麼人交朋友，他就是什麼樣的人。不要以為他的朋友都很壞，他出污泥而不染，這幾乎是不可能。朋友都是玩咖，他也愛玩，朋友都有小三，他哪天也會動搖。身邊都是酒肉朋友，他也不是好東西。

有質感的人，都會慎選志同道合的朋友。他不認同的價值觀，就不會往來。看交友圈很重要。

2. 看他對女性的態度

他對女生是尊重，還是戲謔、嘲笑？如果他會開黃腔、鹹豬手、跟女生界線不清楚，那就不要浪費時間了。

再來，對交往過得女生的態度如何？是寬厚的，還是不放過得？或總是把女生、前任罵很難聽，千錯萬錯都是別人的錯？（如果是同情心氾濫的女生就很容易上勾。）

看他評論女人的言詞、態度，就可略知一二。

3. 酒品、牌品、車品

開車時是不是很常與人衝突？不顧及身邊乘客的安全和感受？打牌時是不是輸了就變臉？

很多人都認同，喝醉酒時最能看出一個人隱藏不了的另一面。

4. 對周遭人的態度，尤其是與他沒利益關係的

對人對事的態度，也是他的價值觀。有人會對有利的人特別熱絡，對沒利用價值的不理不睬。

最特別的是，觀察他對餐廳服務人員的態度（有禮貌還是大爺？），對管理員、保全、司機……等人的態度是不是客氣有禮。（而不只是對他有助益的人有禮）

5. 對工作的態度

工作態度反應了他的價值觀、人生觀。一個懶惰不上進、投機取巧、偷用公款、利用或傷害別人上位的，也不會是人品好的人。

我欣賞有上進心的態度，不管妳出身、不管賺多少，有上進心的人才會有目標、才會努力。這樣願意努力的態度，才會有責任感。才值得妳信賴。

其實，人品是一種認同，也是三觀的合適度。

「如果人品不好，但很愛我呢？」那也會是很可怕的事。妳怎麼知道不愛妳了會怎樣？變成恐怖情人？會去傷害妳？

如果妳不認同一個人的人品，千萬不要只是因為他現在對妳好、他很愛妳而交往。因為未來妳都會吃到苦果。

而且他做出妳所不認同的行為時，妳不要抱著僥倖的心態，覺得只是一時而已，沒什麼大不了。因為太想跟他在一起，而自欺欺人，最後吃虧受傷的還是妳自己。

多從各方去觀察、瞭解，在妳真的清楚他的人品、為人後，才能往穩定交往的方向邁進。而且，不要太鐵齒，有時多聽聽旁人的建議，也是很有幫助的！

愛自己，
不是為了讓別人更愛妳

　　35 歲的女生朋友很苦惱地說，媽媽擔心自己嫁不出去，到處求神拜佛還要她喝符水，還亂介紹朋友的小孩逼她去相親。她說：「我明明過得很好啊！為什麼要亂結婚？」

　　我笑說：「我跟妳相反耶，我 35 歲要結婚時，我媽還說會不會太早？哈！」我是從來沒有被家人逼婚的快樂女兒，他們根本不在乎女兒有沒有結婚，單身快樂就好。我媽覺得女人會賺錢、理財，自己過得好最重要！聽到女兒要結婚，她還有點失落感呢！

　　「那遇到超保守的父母，該怎麼辦？他們很怕我沒人要、嫁不掉……」老實說，我很反感「嫁不掉」這三個字，為何要把自己當滯銷品看待？有人要就會比較好嗎？要不要看看離婚率有多高、婚姻不幸的人有多少？

　　但有的老人會說，「不幸福無所謂，至少妳有結婚！」這個歪理我更不懂了，是有結婚比較有面子嗎？

朋友說：「我覺得單身的朋友都過得很好啊！如果結了婚後，過得更糟，為什麼要結？」而且還不用靠北另一半、沒有婆媳問題，過年在家躺多好！

「這是一種集體焦慮吧！看到別人有，但自己沒有，就會著急。父母又特別喜歡比較，朋友都抱幾個孫了，妳卻還沒對象！」

「我覺得把自己當滯銷品的心態很可怕，要趕快出清，找到對象就想趕快結婚，甚至為了結婚而結婚……最後都會出問題！」

最怕聽到的是，為了結婚所以趕快生小孩……但，願意跟妳結婚，不一定真心想負責啊！多的是結婚後，什麼都丟給妳，他還是活得像單身。妳想用小孩綁住他，最後綁住的都是自己。

遇到保守型的父母，就跟他們多聊聊身邊朋友、現在人的婚姻吧，有些社會新聞、名人外遇類的，就多讓他們看，讓他們知道婚姻並不能保證什麼。最重要的，還是身為孩子的妳要過得好，才不會讓他們操心。妳選擇單身，就是不想讓他們擔心。

讓他們瞭解，妳真正適合的、需要的伴侶是什麼樣，而不是他們期許、想像的模樣。畢竟要過什麼生活得人是妳，妳怎樣才能真心快樂，只有妳自己知道。

如果他們怕妳孤單、怕妳一人，妳可以說，有人在身邊卻感到寂寞，比單身的孤單更可怕！而且其實妳挺愛享受一個人的！

◆　◆　◆　◆

我一直覺得「愛自己」是一種人的基本能力，無關愛情、

婚姻，而是妳對自己的責任。

當妳愛惜自己、尊重自己，妳自然不會接受那些不珍惜妳、不尊重妳的人事物。（請走開，謝謝！）

有人誤以為愛自己是「自私」，那是他只愛他自己。每個人價值觀不同，解讀的角度，看世界的方式自然不一樣。愛本來就不該是負面的，不是嗎？

當妳有愛的能力，妳自己內心是豐盛、美好的。妳才有能力去愛人、去付出。

而不是乞討愛、等待愛，沒人愛會死（即使那根本不是愛）。

我曾寫過，美好的愛，是先給自己幸福，妳要先活得幸福，才能創造自己要的幸福人生。

有天跟媽媽聊天，我媽說她認識一些女人 50 幾歲未婚，還是活得很開心，有事業、有興趣、有朋友，過自己喜歡的生活也很自在。

在這個年代，沒有人可以保證永遠愛妳不變、也沒有人一定可以依靠一輩子。

我們唯有把自己照顧好，會自主、能自立、有自信，妳才有能力去選擇、去愛、去過妳要的生活。

◆　　◆　　◆　　◆　　◆

人會隨著年紀而貶值，並不是年紀的問題，而是自己的問題。
因年紀而貶低妳，是他們腦子的問題，不是妳的問題。
妳懂得自己的價值、活出自己的價值，
又何必為了沒有質感的愛情浪費時間，沒有一定要結的婚

折磨自己？

愛自己，不是為了讓別人更愛妳，
而是，不管有沒有人愛，妳都有愛的能力，
因為愛自己，才能更懂得愛。

先謀生，再謀愛

　　妳覺得好好工作賺錢、過好生活比較重要，還是找個人愛、趕快結婚比較重要？

　　老實說，很多女人都會把愛情、男人放在她的優先選擇上。所以一旦愛錯人了、婚姻不幸了，她的人生往往跟著毀了。

　　開公司的朋友說：「我很怕遇到女員工談戀愛就荒廢工作，變得不認真，失戀了又說不能好好工作，我很想問她，養活妳自己的是妳的薪水還是妳的男友啊？」

　　另一個朋友說：「也有女同事說在辦公室無法坐在男同事旁邊，怕男友生氣，不能加班因為男友會來接，不能出差怕男友會說話……嗯，我瞬間以為她男友才是老闆！」

　　把愛情看得比謀生重要，往往在現實生活上會吃很多虧。

　　有的人還會為愛情放棄夢想、捨棄喜歡做的事，凡事只為

了男人喜好。他愛妳的時候好像很好，但他不愛妳了呢？一回頭，妳才發現妳早已經失去太多。

說實話，我10幾年前曾經也差點為了男朋友放棄寫作這條路，只是因為他不喜歡女友有名氣、不喜歡我比較忙……，我還曾經傻傻的以為如果我為他放棄寫作，我們就會快樂的走下去。但還好，我頓時清醒了，我覺得不對，如果他愛我，他應該支持我才是（感謝神明總是在關鍵時刻讓我腦醒）。

也還好我沒有放棄夢想，我才能寫下去，而且，就算我放棄了，我們也是會分手。基本上，要妳放棄什麼才能愛妳的，都是狗屁、都不是真的愛妳。

在現在的社會，愛情和婚姻的變化太大，那些說會養妳一輩子的，開心聽聽就好，最好不要太當真，還是要保有自己的收入和賺錢能力才踏實。因為太多女人遇到不幸的婚姻、丈夫外遇還不敢離婚，只是因為經濟不獨立，只好忍耐。

曾在書中看到這句話「先謀生，再謀愛」不禁會心一笑，就像我常寫的，把自己的生活過好，再去談感情。努力讓自己有經濟能力，妳可以過好自己想要的生活，讓自己更有選擇權，不必將就，不會屈服，也不用在愛情婚姻面前為錢低頭。

當妳變得更好，妳會值得更好的愛情和生活。而就算沒有愛情和婚姻，妳也不用怕。不怕沒人愛，只怕談錯戀愛。

每一個失戀的人來問我該怎麼辦，我都會回答，好好工作、豐富生活，去做自己喜歡的事！

先謀生，再謀愛，

有一天妳會懂，安全感是自己給的，不是愛情。

能保障你的，
不是婚姻或愛情，
是你自己！

　　聽到有人抱怨：「當初他承諾的，後來都做不到。說要結婚做不到、不跟公婆住，做不到，甚至拿錢回家養小孩也做不到……」

　　更別說那種：「說永遠愛我，居然做不到！」

　　其實人在承諾的當下，都是希望做到的，但經過時間、人生的考驗，到最後不一定實現諾言。更別說「永遠」了，你連未來是什麼都不知道，怎麼能輕易說出永遠兩個字呢？

　　很多女人會把愛情、婚姻當保障。有了愛情，就放棄自我、不再努力於經營自己的生活，但，以為有愛就會飽的人，沒了愛，只能餓死。

　　以為結了婚，就能得到保障，對方就不會變，但現代人的感情變化太快，可能說養妳一輩子的，只會養妳一陣子（最後妳發現自己養自己還比較快活），說愛妳一輩子的，沒一陣子又發現真愛。朋友笑說，婚姻的保障是可以告對方和小三。

古時候的女人，婚姻就是一輩子的保障，現在人的婚姻，一輩子太難，要當保障？妳買儲蓄險還比較保障。

這麼說來很悲觀嗎？並不是，而是妳人生的重點本來就不應該放在愛情和婚姻上，而是你自己！好的對象、姻緣，都是讓妳加分，但並不是妳從不為自己努力，以為有了愛情婚姻，就當作人生的一切。

朋友跟在一起5年的男友分手，她媽媽說：「這不是很浪費、很可惜？」但是，跟一個不適合的人步入婚姻，才是浪費、可惜吧。

有人會想：「在一起很久沒有結婚，感覺很沒保障？」但是，結了婚，就是保障嗎？並不是。

那麼，什麼才是妳的保障？看到朋友周小葳分享一段話：「能保障妳的，是妳的存款和工作能力。」魔羯座的我深表認同。

不把婚姻當保障，並不代表妳不需為婚姻努力、為對方付出，而是，妳不把婚姻當理所當然，也不當一個差勁的隊友。

因為現代人的婚姻比起過去更不容易，妳才要更努力去經營幸福。而不是結了婚就擺爛，再怪對方為什麼不再愛妳。

當我們希望對方可以依靠時，我們也要成為他最大的支柱。妳不是要求婚姻保障妳，而是妳要好好保護、愛護妳的婚姻。

我們有愛很好，但是沒有了愛，還是能擁有自己的快樂。

擁有幸福的婚姻很好，但如果沒有了，妳也要有能夠好好生活得能力。

這世界上沒有誰必須愛誰，只有妳自己不能放棄自己「愛自己」。

因為對方負能量太強
而想分手？

　　有男性讀者問，受不了女友的負能量、負面情緒想分手，他說交往時欣賞女朋友的真性情、有話直說的個性，但發現，她常會口不擇言的批評人（也是真性情），或在網路上一言不合跟人互罵吵架停不下來。

　　一開始他也覺得很有趣，還會跟女友一起罵，跟著評論別人，當一下酸民很好玩。慢慢的，朋友說他個性變了，變得愛抱怨、憤世忌俗，他才發現，自己整天在網路上批評也好像酸民，覺得自己變得負能量好強。常會看別人不順眼，或者是愛生氣。

　　後來女友還要他排擠她不喜歡的朋友，要他在工作上搶同事功勞，甚至用公款請她吃飯……他才發現，自己也快變成另一個人，這並不是他原本的樣子。於是，他想要踩煞車、想分手了。但又不知道該怎麼辦？會不會提分手，會被女友在網路上罵？

我常覺得，有的愛情會讓人成長，有的會讓妳向下沉淪。

有朋友說，受不了男友負面情緒太強，每天都要提心吊膽，怕他因為小事生氣。談個戀愛，天天都要安撫一個愛生氣的人，誰不會累？況且大家都是成年人了，工作很忙、生活很累，誰能忍受愛鬧小孩脾氣的人？

有人說，在一起要忍耐對方的壞脾氣也很心累。搞到自己的心情都受影響。再愛對方，也會慢慢的耗損感情。

我也很怕跟個性不成熟的人交往，不成熟的人會因為小事抓狂，譬如說開車時，只是因為別人超他車就生氣，想要跟人飆車（這有多危險？），但或許別人只是趕時間啊！如果總是愛為了小事情就動怒，在一起可能也會因為小事踩到他地雷，而且妳還不知道他的地雷是什麼？（可能全身上下都是地雷）

我也怕那種心情很難捉摸，猜不透他在想什麼人（更可怕的是，他會為了妳不懂他在想什麼而生氣，但妳不是他肚子裡的蛔蟲啊？！），因為我個性比較直白，心口如一，想什麼說的就是什麼，但是有的人心裡想的跟嘴巴說的不同，在一起就真的會很累，除非妳有讀心術。

再來我也怕很容易心情不好的人（我真的對憂鬱小生沒有興趣），常會因為小事情而不開心、擺臉色，有些人不會看場合，在外擺臉色會讓妳很沒有面子。常心情不好的人感覺頭頂上都有一片烏雲，讓妳不敢走得太靠近，以免遭殃。而且跟他們在一起，妳好像說什麼都不對，妳說的好話，他都會往壞的方面去解讀。久而久之，妳越不想溝通，怕又踩到地雷。

但是想一想，跟一個人在一起不就是要舒服自在嗎？如果談個戀愛都緊張兮兮，在婚姻裡都不能敞開心胸，那麼在一起

不就變得越來越辛苦？

　　現在更覺得，**能夠在一起感到輕鬆自在是多麼難能可貴。不必忍耐、不必害怕，更不用受氣。**妳可以全然的放心跟他在一起，妳也不用怕生活中充滿負能量，不用擔心被影響心情。

　　伴侶的影響力，真的很重要，妳認為呢？

　　找一個能讓妳想要變得更好的人。而不是讓妳活得充滿負能量！

• • •

為什麼，
他不願意再為你付出了？

　　曾聽一個已婚男說：「我在外面都請女生吃好喝好，但和老婆我都隨便吃。」

　　朋友問：「為什麼？」他說：「因為外面的女生都很開心很感謝，但老婆都嫌我浪費，她都點便宜的，所以不敢吃太貴。」聽到這裡，我莫名一把火。

　　最近朋友聊到「為什麼伴侶不願再對妳好？」其中我們都很認同的就是：「當他對妳付出時，千萬不要嫌！」妳嫌他、唸他，就算妳出發點是好的（替他省錢、怕他麻煩……），他滿腹的熱情被澆熄後，就不會想再去做了。

　　有個女生朋友婚後想下廚給另一半吃，但她老公不斷的打槍她，嫌味道不對，沒有婆婆做得好吃（說這句你這輩子就免吃了吧）、水餃煮破皮之類的……朋友自信心受損幾次後，就不煮了，省事。

　　有的人想送禮物給對方，但總是被嫌這不對、那不好，妳

覺得還會想再送嗎？（就算沒那麼喜歡，也要表達感謝吧！）

當對方想對妳好時，妳給他的回應卻是熱臉貼冷屁股、甚至碎唸、罵他，久了他也不敢輕易對妳付出了。

就像那已婚男的老婆，只想點最便宜的飲料，但她老公請別人都是沒在看帳單的。這位太太，妳省什麼？妳為他好，但這不一定是他要的啊！

但老實說，結婚後的想法不同，有時候我也會唸我另一半不要買這個浪費、不要吃那個傷身……（完了，好像老媽子）、（但還好，他只喜歡對家庭付出），我都要提醒自己，不要當個沒情調的老婆。

要怎麼做比較好？

先感謝他的付出，事後再友善告訴他，其實不用破費、怎麼做會更好，妳真的想要是什麼讓他知道。（妳可能要的不是刻意的禮物，而是他好好地陪陪妳、去哪走走）

而那些愛嫌的人一定要警惕，有人為妳付出，要感恩惜福。不要等沒有了再懊悔啊！

男友運很差，
但老公運很好

朋友笑說：「我男友運很差，但老公運很好。」

我說：「那不是很好嗎？」我們相視而笑。

跟幾個結婚生子的的姊妹們聊天，聊到一路從單身、感情挫折中走過來，到找到人生伴侶，她們都說：「以前遇到不好的都沒關係，最後一個好最重要！」

很多朋友，她們的戀愛史都轟轟烈烈，都遇過渣男，也都很慘烈的走過來，還好後來都醒腦了，最後結婚也都遇到對的人，過得很幸福。朋友說，以前曾遇過不適合自己的，卻硬要勉強自己改變原本的個性，去配合對方，後來發現這樣實在太累，為何不找一個喜歡真正自己的人呢？

有的人遇到跟自己價值觀，甚至生活習慣完全不同的人，但為了愛他，說服自己去接受那些無法接受的事情，但是，最終還是會失敗。

因為，勉強自己得來的愛，本來就不是真的，最後回頭看，

失敗，其實是好事。否則，在一起痛苦會更久。

說到自己曾遇到錯的人，每個人都可以講好多血淋淋的例子，笑說當時自己也不知道怎麼會喜歡對方，到底是自己把自己戳瞎？還是頭腦不清醒、鬼打牆走不出來？

我自己也曾談過幾段悲劇的愛情，大概你們會經歷過的慘事，我也沒有少，我想每一個人，都曾遇過那段曾經迷失的自己。

我們都曾為了愛情失去自信，也曾以為，要當一個凡事配合、百依百順的愛人，就能得到愛情。

我們花了太多時間在討好對方，甚至對方身邊的人，但是回過頭來看，我們不曾討好過自己。

我們也曾經自欺欺人，當一個疑神疑鬼的人，我們明知道對方劈腿了，還不願意離開。我們一邊苦苦地蒐集證據，又一邊自我安慰是自己想太多。

我們也曾跟那些把我們當備胎、不可能有未來的人蹉跎時間，我們也會因為怕寂寞，跟自己不怎麼愛的人浪費生命。

最終，我們失敗了、失去了，我們以為會痛苦懊悔，但是，最後妳回頭看，失去都是好事。

想一想，在找尋幸福的路上，跌倒受傷都只是「過程」，那些壞的、不好的、不愛妳的、不適合妳的、傷妳的……，最後妳回頭看，那都是學習。我們不是生來就懂愛，我們都是不斷的在學習愛。

最重要的是，我們在那過程中，成為了更好的自己。那就值得了！

所以男/女友運差沒關係，學會聰明記取教訓，讓自己更好。

只要老公/老婆運好就好了！最後一個對了最重要！

還好新娘不是我！

有一次直播聊到「還好沒有結婚」的主題，沒想到這麼熱烈，好多人分享自己的故事，慶幸當時沒有跟對方結婚，果斷的分開。

我也分享一個讀者很勵志的故事……她說以前不小心成為了小三，男友隱瞞已經有未婚妻還跟她交往，幾個月後才發現，當時男友選擇了未婚妻，拋棄了她，讓她無端背上小三名號。未婚妻覺得不能拖，決定提早結婚。不讓男人有機會再去偷吃……

當時我在信裡安慰她，我認為這是好事：「還好結婚的不是妳啊！」勸她快點放下，不要再去想。好好的提升自我、認真工作、過好自己的生活。

一兩年後再收到她的來信道謝，她說自己也過得更好、並遇上真愛也結婚了。而當時傷害她的男生婚後還是繼續玩，他老婆過著很痛苦的生活……一直抓他搞曖昧外遇、還是不離婚。

她說：「還好我不是他老婆。」

我常說，感情裡塞翁失馬，焉知非福，失去了，反而是好事！不好的人離開妳、被搶走，髒東西有人回收，不愛妳的人有人撿，妳更要去買大樂透，妳的運勢要開始變好了！別難過了，傻孩子。

回頭看，以前分的手，都是對的。

人總要受點傷、犯點錯，迷失了、低潮了，才會得到教訓和經驗，變得更有智慧。更懂得自己要的是什麼！

有時候也不是對方不好，只是不適合、只能陪妳走一小段，或相遇的時機錯了。

他可能是很好的情人，但不是好的老公。他可能人很好，可惜是個媽寶。

有的人，能夠在結婚前看清楚、發現不適合，果斷地喊停，是需要很大的勇氣！比起面子問題、損失的婚禮訂金、才剛拍好的婚紗……自己的後半輩子是不是真的幸福，才是最重要的吧！

能夠說：「這個婚我不結了！」是多麼勇敢的事。

不是妳的，不必強留。

是妳的，根本不需要勉強。

在愛情和婚姻裡，
失去了自信心

　　朋友說，他本來是個有自信的人，但談了戀愛後，對方只讓他覺得自己很差，總是嫌不夠好、別人比較好⋯⋯久了後，他越來越沒自信，想對女友好，卻又怕做錯什麼⋯⋯

　　已婚的女生朋友說，在婚姻裡的女人是很容易失去自信的，尤其是生了孩子後。不論身材變形，或忙到沒時間打扮、精神不濟，如果另一半又不體貼，不只對自己失去自信，對感情也沒了信心。

　　她說：「婚前把妳當女神，婚後把妳當女傭。」

　　一個離婚的女生說，原本以為自己有自信可以做個「賢妻」，卻變成「嫌妻」，以為要學會做家事、討好婆家就可以幸福，後來發現並不是！自己過得不快樂，對方也不珍惜，總是委屈求全的自己。

　　我常覺得，一段好的關係，會讓妳更有自信，

　　錯誤的感情，會讓妳失去自信。感情經營不容易，就像辛

苦灌溉成長的大樹，倒下也在一瞬間。

最可怕的是，妳覺得自己不夠好、不值得被疼愛，甚至對方做錯、對妳不好，妳都覺得是自己的錯。最後演變成，妳不相信自己值得幸福和快樂。

最近不約而同聽到很多在愛情、婚姻失去自信的故事，是什麼樣的原因可以讓一個樂觀開朗、自信心爆棚的人，在感情裡，變成充滿了負面情緒和自怨自艾的人？

離婚朋友說，如果自己再不離開，可能每天都在靠北另一半、婆家和婚姻，會讓她成為一個自己也討厭的人

其實，很多感情的變化或失敗，並不是來自外界誘惑，而是生活中的那些小事，忍耐、挫折，情緒和沒有和好的爭吵，最後毀了感情。

妳問我，結婚多年、生了小孩後，會不會失去自信？老實說，我也會啊！覺得自己又累、又老，當新手媽媽帶小孩也帶得手忙腳亂，很多事情無法兼顧、無法做得好，自己也會挫折……

我想，這時候有伴侶的支持，真的很重要。

換個角度想，我們也能給予對方支持，給他信心嗎？還是在一起久了，妳就越來越不去讚美他、欣賞他了？

有了小孩後，忙得焦頭爛額，妳可以從早忙了一整天都沒洗臉，加上身材還沒恢復，看到別人漂漂亮亮的，就很容易沒有自信。找不回以前的自己，不知道上一次開懷大笑是什麼時候。有人問，當了媽媽，要怎麼找回自信？

我覺得在付出於家庭和孩子之外，也要留給自己一些時間，放手把孩子交給另一半、家人或送託請人照顧，去做一些你本來就喜歡的事情，有人會去運動、去做美容，去走走逛逛，喝

一杯咖啡也好，或者找朋友聚聚。適時的給自己一點休息時間，可以找回一些自我。不要逼自己什麼都要做到好，那是不可能的，當妳越覺得自己不夠好，妳就越會失去自信心。

回到職場也是更能找回自己的一種方式，在工作上的成就感、專業度，也是讓自己在育兒之外得到更多肯定。不用逼著自己 24 小時都要照顧小孩，妳也可以用更愉快的態度去和孩子相處。

不管妳現在的狀況好不好，都要肯定自己的價值，不要著重在那些「我不夠好」的地方，而是找出讓自己開心、覺得自己很棒的任何小事。即使現在狀態不好，也給自己一個前進的目標，去讓自己進步、變得更好。

我常在沒有自信的時候，告訴自己，我一定會更好，有了理想和目標，我也會轉換自己的態度，用更樂觀正面的態度去讓自己往前邁進！

沒有人是天生就有自信、不會有挫折的，只有我們自己的心態最重要！

No.13

孩子的爹要慎選

　　「孩子的爹要慎選」這句常出現在我文章，很多人為了想生小孩、急著生小孩，而沒有好好思考到底跟妳生小孩的對象，是不是適合當孩子的爹？而很多人都是生了小孩後，才後悔自己遇到豬隊友、不負責任的另一半，但是小孩都生了不是嗎？

　　朋友說：「但最可怕的還是明知道另一半是豬隊友，還是要繼續生第二胎、第三胎，到底在想什麼呢？」不會改的還是不會改，生小孩只是來折磨自己。

　　有時候我會建議，剛結婚的朋友不要急著生小孩，先看看婚姻狀況，先過好兩人的生活。另一半在婚後是不是有責任感、愛家，還有一定要溝通清楚雙方對生小孩的共識。如果婚姻不幸福，沒有小孩都比較好處理，有了小孩就會是一輩子的牽掛，或一直要跟對方糾纏。

　　我覺得，並不是每個妳愛的人、妳的伴侶，都是適合跟妳一起經營家庭、生小孩的。有的人適合談戀愛，但不適合走入

婚姻，有的人可以跟妳過美好的兩人生活，但有了孩子後，小孩就成了感情殺手。

「孩子的爹要怎麼選？」

我覺得至少，他是喜歡小孩、愛家庭、有責任感，會與妳一起分擔家務（這很重要），能夠和妳一起扛起家裡大大小小事，這樣妳有了小孩後，他才會是個神隊友。而不是把妳變成偽單親的媽媽。

有的男人即便結婚、生子，還是活得很像單身，想去哪就去、把時間花在朋友上，覺得育兒顧家是妳的工作。這樣妳可以接受嗎？我在婚前見過了太多這樣的偽單身男，讓我更明瞭，我要找的另一半一定要是個非常重視家庭的男人！

看到新聞有媽媽和孩子被另一半下毒手，真的很難過（當媽後很怕看到小孩被傷害的新聞）。如果遇到軟爛男、有暴力傾向、人品不 ok 的，真的要趕快遠離，保護孩子！

朋友說，她朋友的另一半也是軟爛男，不只女生要養他，孩子也不顧，還會言語暴力，周遭朋友都勸離，但女生還想生第二胎（朋友說，難得有大家不勸生的案例）後來小孩生了，女生更辛苦了……

其實，遇到不 ok 的伴侶，寧可單親還比較好一點（反正也類單親了）。妳不快樂，孩子不快樂又會被影響，這樣沒有比較好。忍耐會幸福嗎？

如果選錯了伴侶，甚至妳會被拖累、被威脅。除了保護自己，最重要的還是保護孩子。不要讓孩子在一個沒有愛又痛苦的家庭裡長大！

我一直覺得，顧好小孩比追求愛情重要，畢竟，伴侶可以換，但孩子永遠都是妳的骨肉。若要選，孩子的利益安全、教養陪伴，一定是在愛情之前。

孩子的爹選錯了，沒關係，妳還可扭轉人生。但千萬別把人生都錯下去了！

**忍耐 無法得到幸福，
勇敢才能！**

孩子的爹要慎選，要步入婚姻前，先醒腦。還不確定，那就先不要急著生，看清楚、想清楚，再做決定。

No.14

請管好妳的老公？

　　朋友圈在討論著，有人教訓別人老婆：「管好自己的老公！」一句話，讓人妻們都怒了。

　　很多偷吃事件，奇妙的都是小三的問題、老婆的問題，然後被原諒的、撇得一乾二淨的，都是男人。真的該檢討的，是誰？

　　有人會說，感情沒有對錯、沒有先來後到。給不了溫暖所以出軌、或是男女友誼的界線很難拿捏……但如果管不了自己的大小頭，又為什麼要結婚害人？妳談談戀愛就好了，真的。

　　說到管不管老公？我真的覺得不需要。

　　因為好的老公不需要妳管，不好的妳也管不了。

　　一段健康的關係，從來不是建立在控制，而是互相尊重。

　　一個給妳安全感的伴侶，讓妳打從心底去信任他，這才是心底的踏實和幸福。我不會查勤，也不看手機，也互相尊重彼此的工作和空間，妳越不必費心去抓的，反而更讓你們緊緊相連。

要去管對方，真的太累了！把管別人的心力用在自己身上，妳會得到更多。

　　說真的，我們把自己活得精彩、有能力打理好自己的生活，當別人要離開，我們也不怕！（看過很多例子，下一個／第二春通常會更好）

　　希望別人管好老公，不如管好自己的嘴。

　　我們管不了外面的人心，最重要的是顧好自己、堅強你的心！

　　我從不去「管」我另一半，有人問，這樣不會怕嗎？

　　我認為，安全感的最高境界就是，失去了也不怕。

　　我不怕失去，是我的就是，不是的，也不強留。愛妳、在乎妳的人，自然會讓妳安心踏實。

No.15

• • •

你要面子，
還是幸福？

朋友說自己倒楣透了，她因為知道好友老公外遇，好心去告訴她，沒想到好友並不以為然，而且還因此不理她，好像她是來破壞她的幸福。

後來才知道，她的老公外遇其實蠻多人知道，但女方選擇裝傻，即便老公玩很大。有趣的是，這對夫妻在 FB、在外都假裝表現的很愛對方、互曬恩愛。

朋友說：「這真的很難懂！」

有人說：「他們要的是面子啊！其實這樣的婚姻很多。」

「難道他們寧可要假幸福，也不想要真正的快樂？」

看過很多為了「面子」的感情，有的男生會在外吹噓說對老婆很好、送什麼禮物，眾人羨慕不已，但其實都沒有。（朋友說，他只是去逛街拍拍精品，卻在 FB 寫要送老婆，或者是帶老婆出國旅行，但其實是因為上一趟帶小三去被老婆發現，只好再帶老婆旅行賠罪），但女生也會假裝老公真的對她很好。

（這我們真的不懂）

或許，成為令人羨慕的伴侶，比實際上是不是真的還重要吧！

朋友說，網路上「曬恩愛」的很多是假象，看看就好。她說有的朋友跟老公明明已經像路人、仇人一樣，互相討厭，但朋友還是會在 FB 上曬全家福、曬恩愛。我問為什麼？

她說：「我也問過她，但她說為了形象面子，不想讓人覺得她不幸福。」

「也是一種不想輸的心態吧！」

我也遇過這樣的人，因為老公有小三，為了不想輸給小三，所以狂 po 照片宣示主權。也有一種不想輸是因為周遭朋友婚姻幸福，如果自己過得不好、老公不好，就覺得輸了，所以表面上還是要維持家庭和樂、假幸福。甚至有人買名牌包給自己，還要對外說是老公送的。

朋友問：「為什麼要這麼愛面子呢？不幸福就離婚，也可以過得更好啊！」周遭的離婚勝利組比比皆是。離婚後都還變得更美了呢！

「但很多人還是覺得離婚是一種輸。怕丟臉，或家人不能接受，怕被同情、被人家笑。其實也是自己心裡過不去。」也可能假裝，是怕別人擔心。

聊到假幸福，大家都說很常看到、一點也不訝異。朋友說我們以為檯面上名人的幸福，很多都是表面形象。也常看到有已婚男明明玩得很凶、不在乎老婆，但老婆還是常在社群網路上曬恩愛、貼合照，女生會演，男生也樂於配合演出。大家都為了表面的形象、面子。

朋友笑說：「現在網路上的照片都不是真實的，又怎麼能

什麼都相信？反之，越想要表現什麼的，很多都不一定是真的，就像隆乳的一定天天曬乳溝。所以別人的生活，我們看看就好。不必太當真！」好吧，這也是一種笑看人生。

好像打腫臉充胖子，我們看多了網路上營造的長相、形象、生活，和真實的差距，是真是假？又有誰知道？

有時想想，這樣自我欺騙是不是很辛苦？明知道對方不夠愛你，還要配合演這一場戲。

是怕分手離婚會被笑？還是已習慣了對方給予的生活，不知怎麼離開他？或者是，自己也喜歡被羨慕的虛榮？太愛對方了，即使他不愛你，你也不想離開？

有時會想，表面的假裝，是真的快樂嗎？還是，外人的羨慕和讚美，才是他們快樂的來源？

如果內心裡不夠踏實，自己內心過得去嗎？不是真的，可以演多久？為什麼不去追求真正的快樂？為了別人而活，不為自己而活？

但其實，你也可以得到真正的幸福啊！為何要假的呢？

在生活上、感情上，自欺欺人真的很辛苦，就像妳要騙自己，他明明不夠愛你，你還要說他愛妳。**而不夠真實，最後還是禁不起時間考驗，不如真實面對自己，過著別人可能不羨慕、不夠完美，但你絕對很快樂的人生。**

就好像你現在單身，別人以為你很可憐，但其實你看著那些恐怖的婚姻問題，覺得自己真是過得太自由愜意，可憐的才是以為你可憐的人。別人怎麼想，不如自己的感受。

面子重要，還是幸福重要呢？日子是你在過，只有你自己最清楚了。只有自己的快樂是真的，其他都是假的。

No.16

• • •

沒有用心維繫感情，
對的人也會變成錯的人

常聊到另一半是神隊友時，很多人會說：「遇到對的人好重要！」我以前也這麼想，但經歷了多年婚姻，我會加一句：「兩人要用心維繫，更重要。」

遇見對的人，是好的開始。但相處是長久，**能持續幸福，就不只是人對了，而是你們願意好好經營感情嗎？**

對的人，也不能保證能持續幸福。

走入婚姻，柴米油鹽、任何小事都會磨掉感情，不誇張，可能只是妳忘了買衛生紙、他垃圾沒有丟、冰箱食物放太久……，這種很小很小的事，都一點一點的磨掉感情。

妳曾經深愛他、沒有他不能，直到有一天，相看兩厭，沒有感情，甚至只剩無話可說，搭伙的室友關係。

兩人世界還算容易，有了小孩，責任壓力，做不完的家事、睡不飽的生活，挑戰妳體力耐力極限的小孩，妳們更會互相嫌棄、抱怨，吵架變得更多。有時候，妳會忘了妳有那麼愛他，

需要他。他會忘了跟妳說聲感謝，忘了妳今天好累。

真實婚姻生活並不是愛情喜劇，而是真實去面對很多不美好的生活難題。每一對能幸福的走到長遠，他們都是經歷了很多你看不見的苦，那些挫折、傷痕累累，而不願放棄對方，攜手走過都是那麼不簡單。

可是那些曾經相愛的人，也曾是對的人，為什麼會變？他們不也認為可以永遠？也是靈魂伴侶？

有的人覺得結婚就是幸福的終點，不再去維持感情，凡事應該、理所當然，不再好好說話，甚至傷了對方也沒歉意，覺得結了婚就要接受。

都結婚了，有什麼不愉快沒什麼關係。

但，真的有關係。

不再用心的關係，對的人，也會變成錯的人。

結婚多年，忙碌的育兒生活，我們也會不愉快，我會不想講話，他會碎碎唸，少了甜言蜜語，多了代辦事宜。但，我們還是會為了彼此努力。

真正的幸福，不是從不吵架，而是懂得和好。

只要妳知道他是對的人，你們會願意往對的方向努力。

如果不幸發現是錯了，也是人生的經驗，跌倒了再起來就好。

我們往往期待感情不變、人不變，但事實上，一切都是變動的。對的可能變錯的，相愛也會變不愛。

幸福很簡單，也可以很難，沒有捷徑，也沒有保證永遠，

只有兩人願意用心維繫，努力經營。

賭氣拌嘴完，還是問：「要不要吃晚餐？」

熬得過生活的磨練，還能好好在一起，才是對的人。

No.17

都是我自己選的！

　　有時聽人抱怨自己的伴侶，最後他們的結論：「還不是我自己選的！」想想也是，妳可以選擇要或不要，承認選錯了，也可勇敢選擇妳要過什麼樣的人生。

　　「那些說著沒有選擇的人，他們也是做了選擇啊！」

　　朋友說得很直：「總是覺得對方很差勁，卻又不肯離開，或許也是沒自信離開了會值得好的人吧？」

　　跟朋友聊到選擇的課題，當妳選擇要什麼，妳也必須承擔那些妳不要的。他有優點，就會有相對應的缺點。

　　每個好處，背後就有壞處。妳不可能「全拿」，妳只能選最重要的。

　　譬如說，妳喜歡他認真工作有上進心，他就沒時間常陪妳，妳喜歡風趣幽默的，他就會也討別人歡心。妳愛對方的錢，妳就被錢控制，妳是外貌協會，那可能對方的優點只有外表其實是草包。

其實想想，沒有 100 分的伴侶，也沒有完美的生活，選一個妳覺得最重要的（譬如說：忠誠、人品、有責任感、不愛玩……）然後去接受他也會有相對應的缺點。

有朋友一直很羨慕別人有個細心注重細節的女友，但後來聽對方說才知道，女友太龜毛要求對方很多，在一起很辛苦都會一直被唸。

所以，不必羨慕別人的好，忽視自己擁有的，別人桌上的菜，好看卻不一定好吃。

每個幸福的背後，都是兩人願意去經營、妥協、配合而來的。不是生來就適合的。

除非對方惡劣、糟糕到不需要再委屈自己，妳真的不能忍受。如果他有妳欣賞的優點。願意接受那麼一點的不完美，才是美好生活的關鍵。

想一想，也是我們自己選的。

愛或不愛，是妳選的。要或不要，也是妳的選擇！

沒有人逼妳做選擇，懂得知足才是幸福。

我也會有負面情緒，
重要的是接受自己的不完美

Chapter 2

承認自己不夠好
也是一種勇氣

No.18

不只產後憂鬱，
女人從產前
就開始憂鬱了

　　很多人講到產後憂鬱，其實憂鬱就是當媽媽長期要面對的課題，從產前、說不定還未懷孕就開始了……

　　託台灣人愛聊隱私的福，婚後大家開始關心妳的肚皮，不管妳想生還是不想生，總是要給人一個交代，如果不幸嫁給有傳宗接代責任的家庭，妳的子宮就不是妳的了。若受不孕症所苦，看著旁人小孩不斷生，妳都會壓力大。

　　我婚後不孕到做試管，不管內心有多大壓力但是連朋友都不敢說（我也怕別人關心），每天早晚自己要對肚皮打針、承受水腫變胖、肚皮瘀青，取卵手術，更怕的是失敗又要再來一輪。我每次在醫院都覺得身邊的女人們看起來跟我一樣累。我做了三次成功，失敗的時候我連哭都不敢（怕別人安慰），只有一次跟老公走在路上突然忍不住大哭。我許多朋友做五次以上的都快憂鬱了……

　　好不容易有了小孩，妳一定也會遇到許多的關心，跟妳提

醒什麼不能吃、不能做，習俗怎樣，搞的孕婦很憂鬱。最扯的是，我還聽過有不熟的人跟我說不能吃深色的食物（啥？），連醬油都不能，她說這樣小孩皮膚會黑（聽你放屁，那黑人不吃深色食物就生出白人嗎？）有朋友喝杯咖啡被唸、想吃什麼水果不能、剪頭髮做指甲孕婦 spa 不行（有事嗎）……妳說不憂鬱嗎？

有些孕婦很緊張、容易想太多，加上身體不適真的很容易想東想西。也很多人對孕婦不友善，我有朋友搭公車挺大肚子坐著被老人叫起來讓座，我那時懷孕肚子不夠大時，我都不敢坐博愛座。到了 6 個月坐捷運博愛座還真的遇到老人質疑我，我老公幫忙說我是孕婦（那時肚子不夠大也很吃虧），真的很尷尬。

還有重男輕女的人對妳講的話讓妳聽了很不爽。什麼再拚一胎？妳這胎都還沒生耶！我也真的很不喜歡有人跟我說一舉得男還是恭喜對婆家有交代，你才膠帶啦！我們沒有這麼迂腐過時不尊重人喔！

好啦～最讓孕婦憂鬱的應該就是體重了吧！女明星們總說懷孕不超過 5 公斤，所以大家都好怕自己變成豬。我平常不量體重，但產檢不得不量，最後產前胖了 9 公斤，我也憂鬱了一下。還好我醫生是好人長得又帥都不會多說什麼。另一半也不會嫌我胖，還要一直餵食我，不然每次站上體重機我都很煩……（拜託～小孩健康就好，胖多少有差嗎？身體健康以後再減就好了嘛，不減也沒差我們又不是女明星。）

我們要擔心的事情太多，怕小孩不動、又怕他一直動，怕他不健康，少長了什麼。又怕胖了以後瘦不回來。又聽說朋友

的老公在她懷孕的時候就外遇……更別說有人長妊娠紋、身體不適、嘔吐不斷……還有的女人不能決定自然產要剖腹，因為婆家要時辰。（就說妳的子宮不是妳的了！）

憂鬱不只產後，產前就足夠讓妳憂鬱了。

但是還好，我不管產前產後，我都告訴自己「老娘要快樂當媽媽」，誰都不能來影響我干涉我的情緒、我的生活。所以我算是情緒穩定、好吃好睡，真的快樂當媽媽，小豬寶也個性穩定好帶。真的，自己的心情很重要，妳的心情影響妳的孩子。

最重要的是妳的隊友，選擇一個對的孩子的爹很重要。否則，妳這麼辛苦為什麼？未來當媽的日子更有妳受的呢！

其實最重要的還是妳自己的心態，別人對妳的影響妳可以放到最小，甚至就乾脆不要去理會。影響妳，也會影響肚子裡的孩子。無論如何，**妳決定當一個快樂的準媽媽，才是最重要的喔！**

夫妻感情好，
比生小孩重要

常看到父母家暴打小孩的新聞，或有了小孩卻感情失和離異的故事，總是很難過。想到一個來自我婆婆的名言：「夫妻感情要好，比生小孩重要！」真的越想越有道理。

朋友常說，生了小孩後有兩種，一種是夫妻感情變好，一種是感情變差，而且很大部分是後者。未婚時我還沒感覺，甚至不能理解，但現在看多了有深深感觸。

觀察發現，很多有了小孩感情變差的夫妻，其實他們感情本來就不夠好、不牢固，或是本來就有問題。那麼，有了孩子只會有更多問題、讓關係更糟，因為生小孩並不能解決婚姻問題，只會讓問題更放大。

很多人以為有了小孩可以綁住另一半，或讓他不好的地方改變，但事實上，他並不會改，沒責任感、愛玩的還是一樣，不愛妳的，還是不愛。想綁住他，結果綁住的都是自己。

　　　　◆　　　◆　　　◆　　　◆　　　◆

　　有了孩子，紛爭變多了，帶小孩的勞累、教養問題、金錢壓力、家務分工，處處都衝擊著感情。生活瑣事、家務、育兒……更多時候會顯現觀念想法的不同，兩人甚至兩個家庭的差異……

　　所以妳才會見到許多人會在網路上抱怨、罵另一半豬隊友。

　　想一想，小孩是無辜的，他不能選擇父母，但妳可以選擇伴侶。如果明知道感情有問題、對方有問題，還要生小孩，苦的還是孩子。

　　也有很多是本來感情不錯，但是有了小孩後，爭吵不斷，本來以為孩子可以讓感情更好，結果卻相反，變成相看兩厭。

　　有人問：「那有生小孩後感情變好的嗎？」

　　當然有，一定有！我想他們一定是很好的戰友，彼此體諒分工。重點是，除了親子關係，他們還是會經營夫妻關係，妳還能感受到他們的恩愛。

　　有經歷過的朋友都說，無論如何，有了小孩就是一個新的磨合，不可能凡事都順心如意、小孩好帶像天使……，一定會有更多難以想像的挑戰，對兩人來說，要同心協力、要互相體諒，才能讓感情加溫。

　　很多人說，失戀、結婚都可以分手，但有了孩子，連結就是一輩子，不愉快就是一輩子的仇人。婚不能亂結，孩子不能亂生！

　　　　◆　　　◆　　　◆　　　◆　　　◆

我覺得我婆婆真的很有智慧（她的智慧語錄很多），她從不催生、也不干涉，她最重要的看到兒子和媳婦的感情要好。她總是耳提面命告訴兒子要疼惜老婆的辛苦（婆婆的好真的是我會結婚的關鍵）。

　　生小孩這件事，兩夫妻一定要有共識，不要勉強，也不要為了別人的壓力。

　　最好能確定對方可以跟妳一起分擔育兒責任，感情夠穩定，兩人都準備好、有共同的規劃再做決定。

　　讓孩子在「愛」中出生、成長。這才是我們做父母的責任！

　　孩子不能選擇父母，但妳可以選擇讓他在愛的環境下長大。

　　說真的，孩子也不想面對感情不好的父母，帶給他們的情緒勒索、負面影響不是嗎？所以我們有任何不愉快，都要多想想，或許為了孩子，各退一步，多體諒對方一點，其實很多小事都沒那麼嚴重。

　　夫妻感情好，真的最重要！這才是家庭最根本的力量。

◆　　◆　　◆　　◆　　◆

　　（警語：結婚不能解決感情問題，生小孩不能解決婚姻問題。）

我也差一點產後憂鬱了

在還沒生小孩前，我一直很不了解什麼是產後憂鬱，不懂為什麼生了小孩後會憂鬱，覺得應該是太累了而已，或身體還沒恢復的關係吧。剛開始有了小孩後，因為在月子中心休息和恢復得還不錯，心情都是很好的，帶小孩回家後，才知道一切都是這麼不容易又手忙腳亂。對於新手媽媽來說，每一天都是挑戰！

其實不只是產後那幾個月，忘了有多久的時間，我雖然看起來很快樂，但內心有一段很低落、很疲憊的時光，我不知道是不是憂鬱，但似乎跟平時心情不好的感覺不同，也是從未有過得情緒。我開始否定自己，總覺得自己做不好每一件事，腦袋裝了很多要做得事，但總是突然忘記、或想不起來，覺得很害怕。

很多媽媽說，產後憂鬱會嚴重到需要看醫生、吃藥，而且不容易，也沒那麼快好。聽到許多人敘述的症狀，我也很害怕，

因為我自己也符合其中幾項。帶小孩會面臨很多挫折，而且是妳不能理解、不知所以然的挫敗感，為什麼他在哭？為何不喝奶？為什麼生病？太多大大小小的事，摸不著頭緒，也害怕自己失職無法顧好孩子，那樣的挫折和壓力，是我們沒有經歷過得。

　　加上身體的疲憊，每天睡不飽、忙到吃飯都不知自己在吃什麼，我常處於一個精神很差、累到極致的晃神狀態，很累的時候情緒莫名的就會變差，以前我覺得自己脾氣很好，但有了小孩後，怎麼脾氣變差了？耐心也越來越少了？這樣的改變，讓我變得很不喜歡自己。

　　很多人說產後憂鬱的一大來源是身邊的人，如果妳有豬隊友，無法給妳太多幫助，或是長輩過度的關心或干涉育兒，也會讓妳很崩潰。有的隊友會讓妳覺得自己是偽單身，什麼都要靠自己，有的隊友會給妳太高標準，讓妳覺得做什麼都做不對、做不好。

　　我覺得最讓人理智線斷裂、心力交瘁的就是質疑妳不是一位「好媽媽」，為什麼這點事都做不好，甚至把小孩的所有狀況都怪罪在妳身上：「為什麼會生病？為什麼長不高、長不胖？為什麼吃太少？為什麼還不會講話、走路？……」甚至還拿來跟別人小孩比較，別人都會什麼，為什麼我們還不會？拿妳跟別的媽媽比較，為什麼人家媽媽知道什麼，妳不知道？人家媽媽可以做好，妳卻不會？

　　這一些，都是逼死媽媽的話。當妳付出了許多，卻被認為是失職，是多麼的傷人啊！那樣的心痛和難過，會讓妳陷入自我否定、不斷責怪自己的低潮中，很難走得出來。妳會沒有自

信，覺得做什麼都錯。

有朋友產後憂鬱，說自己很後悔生小孩，因為她不是一位好媽媽。聽她這麼說，真的好心疼。我知道她很努力、也盡力付出了，但育兒的挫折讓她否定自己的角色，甚至質疑自己的選擇。很令人心疼……

我自己也常會陷入一種負面的情緒，雖然表面上看不出來，但我常會在一次次的否定自我中，心力交瘁。甚至還會常有一些負面的想法，覺得自己不該存在，不夠格當媽媽、如果沒有我會不會好一點……這樣的喪氣念頭，可怕的是，我理性上知道不應該有這樣的想法，但不知為何就會在腦海中一直浮現，就好像中邪一樣，那些念頭會一直莫出來，停不下來，自己都會覺得害怕。

有時候我會莫名的掉眼淚，走在路上時、吃飯時，莫名的哭，不知道為什麼。那真的是一種無法控制的低潮。

還好，每次有這樣的念頭，我都會看看可愛的孩子，告訴自己要撐下去，要當一個孩子最需要的媽媽。告訴自己不能被一點低潮打敗了，或許也要感謝自己在成為名人後，常會面臨一些酸民、攻擊和抹黑，所以我也從一個很弱的人，慢慢練就成一個心臟比較強大的人。所以，我可以在自己最低潮的時候，勇敢的拉回自己。這一切，都是這麼不容易啊！

即便到現在，小豬寶也快兩歲了，我有時還會有憂鬱的時候，因為要面對的挑戰不斷增加，身體心靈上的疲憊未曾減少。我仍然會為自己沒有做好的事，而否定自己。另一半有時無心說的一兩句話，我都會覺得自己很玻璃心。

覺得憂鬱的時候，該怎麼辦？我會去買一杯好喝的咖啡，

讓自己吃吃喜歡的美食，去按摩放鬆，上網買買東西，多看看小孩可愛的一面……找一些讓自己更有正能量、開心的事情。**心理上的調適，就是學會接受不完美的自己吧！我真的沒辦法當 100 分的媽媽，但我希望能當孩子眼中那個快樂、陪伴他的媽媽。**

在小孩面前，我要學會調適自己的情緒，因為太累、太無力而會變得不耐煩，說話變得不好聽，其實我也很不喜歡這樣的自己啊！所以我常告訴自己，自己的情緒不要帶給小孩、不要影響他。

以前結婚後，我常笑說「婚姻是修行」，有了小孩後才知道，跟婚姻比起來，小孩才是真正的修行。

感謝孩子，讓我們知道自己哪裡弱，面對自己的不足和負面，接納自己的不完美，試著喜歡不夠好的自己，讓孩子知道媽媽不是超人，但肯定是最愛你的人！

面對憂鬱，也是一種成長，知道自己的不足，也不是一件不好的事。不是嗎？

或許，妳要學會多放過自己一點，不要給自己太多壓力、不要想太多，有時候事情沒做好，家事沒做完，就算了！去睡一下吧！如果要求什麼都要做好，先倒下的、先憂鬱的是妳，重點是，為何要當 100 分的媽媽？為什麼要覺得自己不夠好？

只要妳愛自己、愛孩子，那麼妳就是好媽媽！

總是要提醒自己，**孩子愛的是快樂的媽媽，不是完美的媽媽！**

我也會有負能量

常有人問我，如何一直都維持正面的態度？總是寫文章鼓勵別人，會不會也有負能量的時候？當然有。

不少人私訊給我說不孕的辛苦，其實我在還沒懷孕的時候，也有一段負能量蠻強的時候。我在書裡也寫到，從小我總覺得努力可以成功，但唯有懷孕這件事讓我推翻了想法。

在還沒懷孕時、總是被問什麼時候要生？到我去做試管還沒跟別人說的這段時間，月經來就覺得感傷，還有試管沒成功的難過，或許我是魔羯座，我很會壓抑，如果我不開心了，我不會去跟人訴苦、也不會去抱怨，只想自己處理就好。

那段時間，每當在 FB 看到有人 PO 小孩的照片，我就會有點低落，聽到別人說不想生卻有了，試一次就中獎，隨便生都是「好」字，覺得很羨慕、很祝福，但也心裡悶悶的，感嘆為何沒這麼幸運？

有時候，我會避免看到那些有小孩的親子照，看了就像是

提醒自己為什麼得不到、辦不到，心情不免低落又受傷……

我知道不是別人的問題，是我自己的問題。

我的負能量不是去責怪、批評或傷害別人，而是我與自己的低潮和情緒。或許我也蠻理性，我的做法是面對、處理自己的情緒。

因為我知道，就算有負能量，也不能讓負能量控制我！

◆　　◆　　◆　　◆　　◆

當然，這個過程不容易，別人不會懂不孕的經歷。我的工作，面對許多要向我訴苦、求救，詢問各種感情問題，我喜歡幫助別人，但我的困難，恐怕沒有人能夠幫助。

還好，我慶幸，我有很愛我、支持我的另一半和家人，我婆婆也常勸不生，她超怕給我壓力，總是說：「夫妻感情好最重要，有沒有生都沒關係，媽媽不希望妳這麼辛苦。」

至於負能量，我決定不要給自己壓力，得失心放掉，第三次試管就當作給自己最後一次機會，還去旅行放鬆心情，很幸運的，後來就試管成功，懷孕了！

◆　　◆　　◆　　◆　　◆

現在遇到跟我有類似經歷，或比我辛苦更多的人，我懂得你們的感受。我在書裡寫到，經歷這辛苦時，我開始相信，人生中遇到的每個挫折都是有意義的。我們必在其中學習到什麼，那就會是我們的收穫。

或許我們會氣餒，為何會遇到挫折、犯下錯誤、辛苦卻沒收穫？但這一切，**都是讓我們學習，成為更好的自己，讓我們更懂得珍惜自己有的。**

　　不要去看自己沒有的，要多想想自己有的。

　　想要負能量、正能量，其實也都是我們的選擇。

　　我很喜歡一句話：「給別人祝福，也是給自己祝福！」祝福，才會讓我們放下負能量，學會更正面思考、相信自己也有做得到的勇氣！

◆　◆　◆　◆　◆

　　現在的我，學會了更有同理心，我們說的一句話，可能會不小心傷害到別人，我們更要謹言慎行。**不要去過問別人隱私（要不要結婚、要不要生？），也不要用自己的價值觀去給衡量別人（為什麼不結婚？為什麼不生？），給別人壓力。**

　　或許，他所受的苦，妳不知道。或許，他不是不想，而是不能。

　　我們也可以做一個更體貼的人。不是嗎？

　　也感謝那時候的負能量，讓我成長，也讓我珍惜現在所擁有的！

總是遇到別人問：
「何時生第二胎？」

發現許多人都超愛「催生」，一結婚催妳生，生了一胎馬上催第二胎，妳也有遇過嗎？

自從生完後，應該是說生完隔天，還在坐月子時，我就被問了：「要不要生第二胎？」一直持續到現在。

更正確的說，我其實還在懷孕就被催第二胎了。大家說：「妳好適合懷孕，沒孕吐、又沒水腫，又不胖，好適合生！」生完後也被說：「妳復原太快了，好適合生第二胎！」

我知道很多人很怕被問、怕壓力，許多只打算生一胎的朋友，超不喜歡被問的，甚至小孩上小學了，還是遇到不死心的一直催生。（他們說會很怒）

我自己是完全沒任何壓力，大家都問，唯獨公婆一直勸阻不用生、沒關係。生兒子有人說，這樣可交代了（翻白眼），我們沒有生男的壓力，我反而還超想要女兒呢！

我都說：「如果孩子好帶，我才有信心生第二胎！」我並

不會對催生反感，只能說感謝大家對高齡產婦的抬愛！如果有緣分，我笑說小豬寶小名要叫「招妹」。

我知道很多人是好意，我自己是沒差。但對於很多人來說，好意是很大的壓力！

如果對方真的很不想再生，你的催生會令她生氣、無言。

如果他其實很想再生，只是某些原因不生（or 不能生）像是：一直懷孕不成功、流產、在做不孕療程，或因為經濟原因不能生、身體不好不能生、夫妻問題不能生……，你的好意，對他們來說，無疑是狠狠的插了一刀！

你怎麼知道，你是不是在別人傷口上灑鹽呢？

更別說去催那些本來就決定不生的夫妻、或想生卻無法的人，那真的是很沒禮貌的事。

而催生大隊不只在妳生了一胎、兩胎放了妳，還會無止盡地催下去……

每個人都有他想要怎麼過生活的自由，要不要結婚、要不要生子，不是別人都跟你一樣重男輕女，也不是結婚就一定要生子。我們都該給別人更多尊重，不是嗎？

嘿！遇到催生大隊，你們都怎麼回答呢？

◆　◆　◆　◆　◆

（大家催我沒關係，我都當作讚美，聽了很開心，也是一種正面思考！）

1

我的孕前準備，
試管求子真的不容易啊！

　　常跟人聊到試管求子的辛苦，在上一本書《你比你想的更勇敢》有寫到在我做試管嬰兒好不容易有了小豬寶的心路歷程，那時候的我，只要寫到、説到這段辛苦的往事，都會忍不住流淚。

　　我一直很感謝一路上的貴人，在結婚後沒有生小孩的壓力，也一直抱著隨緣的心情，沒有很積極生子，但是慢慢的也想要有自己的孩子，發現也不是那麼容易的事。但時候朋友推薦可以去茂盛醫院看看，我也是抱著去看診聊聊的心情，沒想到檢查後醫生就説要直接做試管比較快。因為我那時也快要 40 歲，卵子也不多，另一半也比我大 6 歲，我們再「隨遇而安」下去，可能也沒有機會有小孩了。我就聽醫生的話做試管。

　　老實説，我不是一個很愛做功課、或很緊張型的人，看醫生也沒什麼多問題，醫生要我怎麼做，我就照做。吃藥、打針，做療程，其實是一段很辛苦的路，尤其是天生很怕打針的我，還要天天早晚對著自己肚皮打針，真的是非常的煎

熬，但沒想到克服了心理的障礙，我也情願接受了這個辛苦的過程。

我算是沒有提早做什麼孕前準備的人，開始療程後，才聽醫生的建議開始吃營養保健的東西，像是「養卵三寶」：DHEA、Q10、維他命 D3（李俊逸醫生的建議量是 DHEA 75mg、Q10 30mg、D3 2000iu）我也每天乖乖的補充。

準備懷孕前 90 天是調整體質的最佳關鍵期，也就是備孕期！像是很多人建議的葉酸一直當到懷孕後都可以補充，以及像是鐵、鈣、Omega-3 肌醇、維他命 C，也可以詢問妳的醫師瞭解一下妳該補充什麼比較好。

最令我印象深刻的是準備做試管療程，茂盛醫院也安排我在院內做健康檢查，連乳房都有做最仔細的檢查。也因為做了健康檢查，我才知道我有甲狀腺低下的問題，所以直接在醫院內有醫生幫我追蹤、用藥，所以孕期一直除了要看婦產科也要追蹤我的甲狀腺指數。我覺得這一點還蠻細心的！不然我自己也不會發現有甲狀腺的問題。

我做了三次試管才成功，其實第二次沒有成功就想放棄了，因為太辛苦，但醫生說再試一次很容易成功不要放棄，所以我又繼續努力。也很感謝我沒有放棄，才有了小豬寶！

在做試管的半年多，其實我並沒有告訴朋友我有在做試管，只有家人知道而已。因為我很怕告訴朋友，如果沒有成功，朋友來安慰我，會讓我壓力很大（我一向是個很怕造成

別人麻煩的人），我也不想一直到處訴說自己的辛苦（我天生就是個不愛抱怨訴苦的人，覺得這樣會造成別人的困擾），所以我就默默的做試管，生活上還是正常的過，並沒有什麼改變。

我覺得從備孕到懷孕後，對我幫助蠻大的應該是運動吧！我一直有持續運動的習慣，即使大肚子還是有在運動，我覺得維持運動習慣，讓自己健健康康的，對備孕也比較好。很多人說做試管打針取卵都會胖很多，我還蠻幸運沒有胖太多，大約 3 公斤以內，也沒有太水腫，我想運動應該是讓我保持身體比較好的狀態，所以我並沒有在備孕或孕期胖太多，生完也比較容易復原。

自從做試管後，我也盡量讓自己過得比較健康的生活，飲食上也比較注意，也盡量不要常熬夜。很多做試管的朋友事後也會來跟我分享他們的心路歷程（後來才發現身邊真的不少同路人），我發現，心情很重要！

很多人說做試管時總是抱著太緊張的心情，就沒有成功，但後來想放棄了，或比較放鬆了，反而就懷孕了。

我第二次試管失敗後，中間休息的時間，那時剛好下個月和另一半有一趟法國旅行，而且是他安排的酒莊之旅，之前為了試管一直很少喝酒的我，也想說算了就去好好的玩、品嚐美酒吧！所以我那兩週還玩得蠻開心，當然也放輕鬆的品嚐美酒。（但還是要說，飲酒過量有害健康喔）

後來再繼續做試管的療程，我也想說就當作最後一次吧！

心裡的得失心也沒有了，我想，有就有，沒有也沒關係了。

　　也不知道是不是心情比較輕鬆的關係，還是小豬寶故意選他想要來的時間，第三次就中獎了。我想，這也是命中注定的吧！也感謝醫生給我的信心，讓我有機會擁有孩子！

　　其實，在做試管失敗的那段時間，我有時候心裡會很負面，心情受影響，但是又不能告訴別人。那樣的辛苦和難熬，大概只有跟我有同樣經歷的人才懂吧！

　　我常笑說，我以前都覺得「人定勝天」，只要努力就有收穫，但在生小孩這件事並不是完全相關。對我來說，要接受努力但沒有收穫、不會成功，真的是很不容易的事。相對的，看到別人不用努力就可以成功，生小孩很容易，就會很羨慕，常常心情很容易受影響。

　　我真的有朋友因為做了太多次試管都沒有成功，身體也變差了，就變得很負面、很極端，變得討厭小孩，覺得生小孩是對自己和孩子不好的事……看了真的會很難過。經歷了不孕和生小孩的這個過程，我懂得跟自己和解，學會接受凡事並不能盡如己意，也不是努力一定有收穫。

　　更重要的是，我很感謝這個辛苦的過程，教會了我要更懂得感謝，對人對事也要更有同理心。有了小豬寶後，心境的轉變很大，也變得更柔軟，我想，這都是我人生中最棒的收穫。比起有小孩，我覺得做試管和生小孩的辛苦，真的不算什麼了，因為擁有小豬寶，是我人生中最棒的一件事！

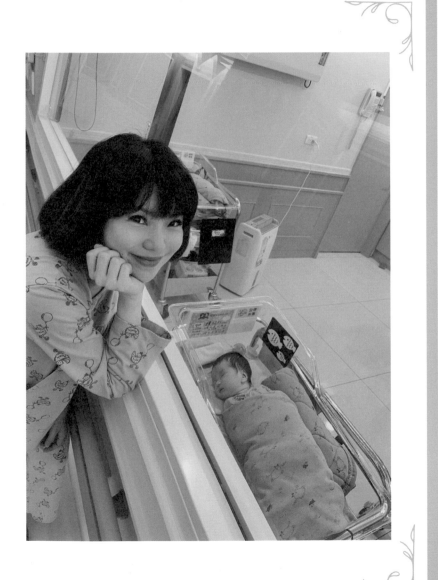

・・・

這時代，
還需要重男輕女、
養兒防老嗎？

自從懷孕後，常會被問到：「肚子裡是男生還女生？」

只要我回答：「是男寶」，不少時候會接著聽到對方說「恭喜」或「一舉得男！」或「這樣就沒壓力囉」，這時我都會挺尷尬的。我不懂，恭喜應該跟性別無關吧？而且，我也沒在追求一舉得男啊！（傻眼）

我算是幸運的吧，我婚後沒有生子的壓力，當然也沒有要生兒子的包袱。想要孩子，是我跟另一半的決定，並不是為了別人。

我婆婆看到我做試管很辛苦，都會一直勸我不要生了沒關係。她很怕我們辛苦，真的是很貼心！所以我在婆家一點壓力也沒有，甚至結婚後，他們都沒提過要生小孩這件事。

等到懷孕後，產檢差不多要開獎時，我其實默默希望是女孩，所以照超音波被告知：「看起來是男寶喔！」我只有：「喔……」的一聲，而且還好一陣子都希望應該是照錯，不想

面對。所以都不想跟另一半講孩子性別，總希望翻盤，直到被告知真的是男孩了，我才坦然接受。哈！

其實不管是男是女，每個母親最大希望只是孩子健康就好。雖然我還是任性的買了一堆粉紅色的嬰兒用品給我兒子。（老公說：「妳開心就好！」）

❖　❖　❖　❖　❖

我常覺得，這個年代，不必要再「重男輕女」了吧！但是常聽到身邊許多人的故事讓我很訝異，有的朋友才剛生完女兒在坐月子，就被公婆要求「趕快再生一個男的！」（翻白眼）也有的朋友生了兩個女兒，公婆還是不死心想要她再生個兒子，還好神隊友出來擋：「我們沒有要生了！」才讓爸媽死心。

更有的是沒生兒子，被弄到離婚，或是不想生的（或真的不能生的）一直被催生，一定要有兒子延續香火。看著那些女人疲憊又無奈的面對壓力，有的憂鬱了，有的把身體搞壞了，有的婚姻出現問題。

到底，妳的子宮不是妳的嗎？

這些父母，有了孩子後，硬逼著孩子要完成自己的心願。他們難道不在乎孩子快不快樂、婚姻幸不幸福？

❖　❖　❖　❖　❖

有了小孩，也會聽到有人說：「這樣以後老了就有孩子養你了！」

我不懂，我並不是為了以後有人養才生小孩，也不想造成小孩的負擔。生小孩不是為了自己，而是希望他開創屬於他的美好人生。

更何況，現在養兒防老的啃老族也不少，社會經濟也不一定更好，收入有限，想防老，最好的方法其實是「不要生小孩」，過好自己的人生，然後存好退休金。

生而為父母，我們最重要的是把自己照顧好，身心靈都要。把健康顧好，不要拖累孩子的人生，心靈也要健康快樂，有自己的生活重心，而不是把重心都放在孩子身上，還要干涉他的人生。（我們生兒子的要把別人的老公教好，不要成為惡婆婆）

◆　◆　◆　◆　◆

這時代男生和女生都是平等，兒子能做到的，女兒不能嗎？或許，女兒還做得更多呢！

看到許多家庭因為重男輕女，寵出了廢材般的兒子，造就了能幹的女兒。老了最後靠的還是女兒。香火是什麼？能吃嗎？不孝的，才會讓妳一把火！

現在的生育率這麼低，願意生就很好了，不是嗎？

當然，我知道還是有很多人必須面對這種傳統壓力，**請相信，妳才是妳子宮的主人，這是妳的人生、妳的決定。還有，妳的另一半一定要挺妳！不管妳生或不生，這應該都是你們夫妻的決定。**

我深信，一定要當個快樂的媽媽，才會有快樂的孩子和家庭。

我是女兒，我很驕傲。身為女人，也請不要再為難女人、

歧視女人了好嗎？

　　無論男寶、女寶都是我們的寶貝，只要孩子健康快樂，就是父母最大的心願！

◆　　◆　　◆　　◆　　◆

　　我相信，天下「有」不是的父母，所以才會有這麼多親子問題。既然選擇要生，我們不只對孩子負責，也更要對自己的決定負責。

我希望我的孩子愛我，但我不說那是孝順，
我會無私愛我的孩子，但我不說那是犧牲。

　　我要把自己的生活過得好，我的孩子才能安心、無慮的去開創他要的人生。

　　我生你養你，並不是為了我的晚年，而是，為了現在能陪伴你長大的每一年。

　　我不願成為孩子的羈絆，只會讓他知道父母的愛永遠在這裡。

　　這才是我創造你的意義。

懷孕的飲食有什麼改變？

　　有朋友問我孕期飲食，是不是有戒吃什麼東西？有戒甜食嗎？飲食上有什麼控制？或有沒有突然愛吃什麼？

　　好像沒耶，我都正常吃，沒有什麼不同。最大的差異就是沒喝咖啡、茶，或酒。因為這些我都愛，所以一開始很辛苦忍耐，哈！但其實很多人都說一天一杯咖啡或茶是可以的，不用那麼逼死自己。我自己是因為做試管懷孕一切都得來不易，所以一開始真的都不敢碰，但久了後，覺得後來好像沒差了耶，可能口味也改變了，慾望突然沒了，所以我就沒有喝了。

　　我想了想，其實懷孕期間，我吃的比以往健康很多。因為要顧慮肚子裡的小孩，自己會多想，像是沒什麼營養的、炸的、太油膩的，垃圾食物，我都盡量避免。所以我笑說，我孕期其實很養生！

　　很多朋友說懷孕會愛吃甜食，我倒是很少吃，可能我本來就不是螞蟻人，我本來愛吃麵包，但聽說吃麵包只會胖媽媽，聽了很震驚！所以我也少吃了。

　　我飲食上吃得比較清淡，也喝很多湯（我是愛喝湯的

人），我媽常煮魚湯、雞湯給我喝。我覺得好像飲食習慣變好了，所以皮膚狀況也變好。沒想到懷孕後皮膚比較好！

關於飲料的部分，我想對孕婦來說很難吧！扣除了茶、咖啡，就很多不能喝了。冰的、太甜的也不太好，所以我只能喝牛奶、豆漿。話說回來，我在孕期的飲料大概也只有無糖豆漿和牛奶了……

如果想吃點甜甜的，我會買黑糖鮮奶（黑糖減半比較不甜、不加冰）。後來發現黑麥汁很不錯，有啤酒的氣泡感覺好開心！（而且沒有酒精）

很多人會補充膠原蛋白、珍珠粉或燕窩，我自己後期也有吃一點，但也要選擇比較信賴的品牌，注意一下成分。孕期不管吃什麼還是要多留意一點比較好。

從備孕到懷孕期間，因為很重視營養，還要讓自己身體更好，所以我一直有早上喝一碗熱熱的滴雞精的習慣，我會空腹喝，又暖胃也補足營養。

很幸運的我並沒有妊娠糖尿病的問題，可能是體質的關係，或我在飲食上真的吃得很健康。也很幸運，我懷孕的時候，身體都沒什麼不舒服，也沒孕吐，心情也很好，感覺小孩是來報恩的吧！沒有讓媽媽受苦。所以我走路還是健步如飛，還可以去運動，工作也精力十足，真的是很幸運的高齡產婦！

直到我要卸貨時體重約胖 9 公斤（還好在醫生說的 10 公

斤內），小豬寶養得不錯，進度超前 2 週，最後一次產檢，醫生說小豬寶的頭太大，哈！要早點生比較好，因為我想要自然產，所以本來預產期 5 月中變成 5 月初，產檢完隔天，就去醫院催生了。

很多人説我只胖肚子（謝謝大家，你們人真好），很幸運沒有水腫到四肢，但後期真的小孩大得好快，真的很重！

懷孕的最後期，因為希望小孩多長肉，可以到 3000 公克以上生出來，所以另一半常帶我吃牛排（真是太開心了），還有我很愛的蔬菜羊肉爐，身為吃貨的我也吃得很開心，但我有盡量避免吃太肥的肉（我本身就不愛肥肉），也因為吃了蠻多肉，小豬寶後來真的也有長肉，出生時 3200 克，臉肉肉的，身高也蠻高的！

說到「養胎不養肉」真的不容易，無論如何還是會胖到，所以，當媽媽千萬不要有壓力，心情好最重要。不要去跟別人比！

在合理的範圍享受美食，不要餓到（孕婦不能餓），多走走、簡單運動，買買小孩東西心情好，網購紓壓、多吩咐隊友幫妳做事，就好啦！

分享一下我們家的家訓：
Happy wife, happy life.
Happy mommy, happy family

（有快樂妻子，才有快樂人生；有快樂媽媽，才有快樂家庭。）

3

胎教，真的有用嗎？

　　生了小豬寶後在月子中心時，護理長來問我：「懷孕時妳有特別做什麼胎教嗎？」我疑惑了一下：「應該是每天都很開心吧！」她説，我的小孩個性很穩定，不會一直哭鬧。聽了我也很訝異！

　　於是，小豬寶在月子中心的綽號是模範生、班長，護理師看到我也説胎教做得好，小豬寶真的很受姐姐歡迎！

　　老實説，我也沒特別做胎教，真的就是心情好，還有放輕鬆。但很多人説，要放鬆真的好難，要煩惱擔心的事情太多，要生小孩又會很緊張：「難道妳都不緊張嗎？」

　　我真的不會緊張或擔心，就算做試管很辛苦做了 3 次，好不容易懷孕，之後產檢時，我都抱著「醫生説了算」的想法，所以也都很放鬆，不會想東想西。

　　放鬆心情，倒不是無所事事（那更會胡思亂想），我懷孕時，工作沒間斷，寫新書、辦簽書會，還有很多活動……，拍照攝影我還是背燈光腳架搭公車，健步如飛走得比沒懷孕的人還快，經紀人覺得很猛。每週上孕婦瑜伽，肌耐力的運動課（在孕婦可以的範圍我還是固定運動），因為想要自然

產，體力好覺得比較好生。小豬寶很貼心，只要我工作時先跟肚子裡的他說：「媽媽要忙囉～你要乖乖喔！」他都很安靜不踢我，也不會一直亂動。

肚子裡有小豬寶時，他也讓我更有寫作的靈感，寫書的時候，他靜靜的陪著我寫作，彷彿是我的知音，讓我文思泉湧，可以好好的創作。一直很感謝他的陪伴，讓我有穩定、平靜的心情，愉悅的在工作和生活中，沒有任何的不適，順利的度過孕期。

懷孕時，我也保持運動的習慣，瑜伽、健身課，我也體力很好，走路還是跟沒有懷孕時一樣快，健步如飛！朋友笑說我走路比她們沒懷孕的還快。常搭捷運時我也都走樓梯，保持有在動的狀態。

關於胎教，我覺得最重要的還是心情平靜，我情緒很穩，可能小孩也有受影響。愛吃美食就會心情好，吃到好吃的，寶寶還會在肚子裡跳舞。

大概也因為我本身就是個粗線條的人，說好聽是不拘小節，難聽就是忘東忘西。所以我真的很放鬆，懷孕要做得功課都是另一半在研究，要買什麼、吃什麼保健食品，都是他主動做。

所以，有個可以讓妳當個快樂孕媽咪的好隊友，真的就是胎教的精髓吧。

我也會在寫作、晚上時聽喜歡的音樂，古典或爵士。每

天作息正常，注重飲食健康。

心情上，就算工作很忙、辛苦，也不要有負能量，我忙碌的時候都很樂在工作，孕期都沒有負面情緒，才能情緒穩定。如果妳有遇到會讓妳有負能量的人事物，就要遠離。

自己在帶小豬寶時，真的覺得他很淡定，好吃好睡，很快就睡過夜。有時真覺得，是來報恩的孩子！

不只是懷孕，當媽後更要有快樂的心情，我們情緒好，也能影響孩子。

◆　◆　◆　◆　◆

就算求子之路很辛苦、養育也不容易，但能當媽咪，我覺得是無法取代的幸福！

生了小孩，我也不是緊張型的媽媽，依照我的人生哲學 Everything will be alright，雖然要學、要面對的挑戰很多，但告訴自己要保持笑容才能給小孩滿滿的愛。

其實很感謝有個神隊友，在我放得很鬆時，會粗心或健忘時，一起分擔、支持彼此。

當媽媽我沒什麼專長，但在育兒的路上，我知道煩惱和情緒不能解決問題，所以我希望給小豬寶一個快樂的媽媽。我想，那會是他安全感的最大來源。

我每天都跟小豬寶說：「你是媽媽的寶貝嗎？」（另一半笑我每天要問幾次）

當一個快樂的媽媽或許不容易，但這也是我們要努力的功課。希望小孩成長、變好，我們自己也要成長，變得更好。這個過程，也是學習。

感謝小寶貝的一舉一動，讓我學會珍惜成每一刻，會為了小小的事感動，也更懂得感謝自己所擁有的。

希望你一直活在愛與安全感，有正面和善良的心，懂得愛，看見世界的美好。

我是媽媽，我也是人，
我也會崩潰

　　在還沒生小孩之前，我一直以為當媽媽都是一幅美好的畫面，媽媽充滿著愛心擁抱著孩子，輕聲細語的和小孩說話，母愛是多麼偉大、也多美麗。怎麼會有媽媽愛生氣、會打罵小孩呢？

　　但是沒想到，當自己成為了母親，發現育兒之路並不都是美好的畫面，而真實的畫面可能看起來一點也不美好，疲憊的媽媽和失控的小孩，然後我們居然也會崩潰。有時候另一半會跟我說：「妳知道妳剛剛對小孩很凶嗎？」其實我也不想，但是又累又挫敗的我，有時也會失控的對小孩凶，覺得煩悶，說話的口氣變差了，也更沒耐性了……開始漸漸地討厭自己。

　　有時對小孩凶完，晚上看著他睡著乖巧的模樣，或是他哭鬧完，還是要「媽媽抱抱」，我都會好內疚，覺得自己剛剛為什麼要凶呢？我明明很愛我的小孩，但為什麼常會累到無法控制情緒呢？這樣矛盾的心情，真的常上演著……不知道你們也

會這樣嗎？（請告訴我讓我不孤獨）

　　有時候，我們想要成為一個好媽媽，成為心中萬能的、充滿愛的媽媽，但總是事與願違，現實告訴我們，我們也不過是個無法把所有事情做好、無法完美也無法一直美美的媽媽。

　　在育兒的路上我們總不斷的認輸，承認自己的弱、面對自己的不夠好，小孩總是有不斷的問題，總是很多挑戰，一個接著一個來……

　　如果你問我，當了媽媽後想說什麼，我想說的是：「我是媽媽，我也是人，我也會崩潰！」是的，我可能 EQ 不高了，情緒變差了，無法成為自己心目中理想的媽媽。

　　但，不夠好，不行嗎？承認接受自己就是不夠好，就是很弱，就是不知道該怎麼辦，我們也需要被體諒、被肯定，被別人鼓勵：「妳辛苦了！」

　　我花了一些時間去面對這樣的問題，慢慢的，我試著找到讓自己快樂的方法。先靜下心來，告訴自己不要焦慮，也從吼小孩，改變成好好的跟孩子說話，就算他聽不懂，我也要跟他說：「媽媽好累，你可以幫忙嗎？」面對失控的孩子、大哭的孩子，我學會站在同理的角度，抱抱拍、拍拍他的背，跟他說：「媽媽都懂，媽媽陪你……」

　　我發現，我和孩子都需要冷靜。

　　小孩或許還是個半獸人，但我們試著用「人」的角度去跟他說，去讓他懂，慢慢的，他也會懂。

　　我發現，孩子是會學習的，孩子就像是一面鏡子，反映了我們的模樣。每次小豬寶在學我、模仿我的時候，我都很驚訝原來小孩這麼聰明、懂事，我們更要小心自己的每個言行舉止，

不要帶給他不良的示範。

如果我常會兇他或沒耐性、口氣不好，會不會他也會模仿，以後也會影響他的言行？想到這裡，我就決定要好好的做調整。即使我會崩潰，或生氣，也要在合理的範圍，給他正確的教導，而不是只是發洩情緒。

想一想這一切，真的很不容易。不是嗎？

現在的我，在小豬寶快 2 歲時，開始大略聽得懂我的話，我改用好好的跟他說、和他溝通，就算他很崩潰（其實孩子比媽媽還會崩潰，而且沒有原因）我也會耐下性子來好好的「說」，對我來說就是一種鍛鍊吧，學會用一個比較好的方法去和孩子對話。如果他不想做得事，與其開口要求他做，不如示範給他看，或跟他一起做，譬如說，以前我會唸他：「不要亂丟玩具！」現在我會說：「來～媽媽跟你一起收玩具好不好？」我發現他會點點頭，說：「好」，然後跟我一起做。

每一天都是耐性的大考驗啊！

現在的我，崩潰少一點，耐心多一點，就算偶爾也崩潰、失控了，也馬上笑笑，讓自己先平靜，拉回情緒。於是我才會成長！

小孩都是來鍛鍊、磨練我們的，但看在我們很愛孩子、他們這麼可愛的份上，媽媽們，我們就繼續努力吧！

沒有小孩的婚姻
就不完整嗎？

結婚不是為了生小孩，但結婚後，就會有人開始問你什麼時候要生小孩？

很多人在結婚後，生小孩這個關卡都會遇到一些難題，看到連續劇《未來媽媽》裡，女生婚後被婆家逼生小孩的痛苦和煎熬，真的是很多女人都會遇到的大魔王。也有很多讀者會來信問我類似的問題，關於要不要生小孩，到底是自己的決定，還是別人的壓力？

有人問：「結婚就一定要生小孩嗎？」

「沒有小孩的婚姻就不完整嗎？」

「不生小孩錯了嗎？也不是每個女人都想當母親啊！」

「不當媽媽，我就不是完整的女人嗎？」

「生小孩到底是我的義務，還是我的權利？」

我真的有聽過身邊有朋友，因為婚後一直沒有生小孩，被婆婆逼得很辛苦，即使後來檢查發現是老公的問題，婆婆還是

覺得一定不是自己兒子的問題，最後還是被逼到離婚。當時聽了很訝異，好好的婚姻，就只是沒有生小孩，需要苦苦相逼嗎？

有很多女人，進入婚姻後，就覺得「我的子宮不是我的子宮」，好像要為了別人的期望而去生子。甚至還一定要生兒子？

但是自從我開始做試管，有了小孩後，發現真的很常聽到這樣的故事，有女生朋友生了兩個女兒，已經不想再生，但婆婆還是一直逼生男，才能延續香火、傳宗接代。這是什麼過時的觀念呢？但事實上，還是常聽到這樣的案例。

有的的女生朋友就沒有這麼幸運了，被要求一定要生到兒子為止，但因為嫁到富有又保守的大家庭，即使身體不好，還是努力去做試管，直到生了兒子。（但聽說，只有一個兒子不夠，還要她再生……）

甚至有的女生會覺得不孕都是自己的錯，而給自己太多壓力和罪惡感。但，不想生孩子，不是誰的錯，每一個女人不是非要當上「母親」這個角色才算完整。

女人，可以選擇用她的方式來過自己的一生，而每個人的人生都不同，別人適合的，也不定適合妳。有的人要多子多孫才快樂，但妳的快樂並不一定要跟他一樣。不一定非要生小孩，才證明自己成功，不當母親，也有不同的人生風景，尤其是認知自己適不適合當母親，才是最重要的。

我不止一次聽到有人說：「後悔生小孩。」因為有了小孩的生活，並不是他要的，也不會讓他過得比較快樂。可惜的是，生了也不能退貨啊！小孩多麼無辜，如果遇到後悔的父母，或不負責任、沒有好好養育的父母，是多麼的可憐。孩子他們不能選，但妳可以啊！

很多人會用傳統的觀念來洗腦妳，甚至來綑綁妳：「一個女人結婚生子，人生才算完整。當一個母親，就是女人的天職。」但，妳的人生完不完整，是別人定義的嗎？

從很早以前，我就知道，當媽媽是一種選擇，不是妳的義務。

我自己想要有小孩，也是在婚姻裡跟另一半在婚後幾年一起的決定，並非家人的壓力。

一個婚姻完不完整，快不快樂，都是夫妻兩人的事，並不是小孩的責任。如果夫妻感情不好，不快樂，並不會因為有了小孩來加持就可以變得幸福美滿，通常因為育兒的壓力，感情只會更差，小孩本來就不是拿來拯救婚姻的幫手。

我通常都會跟讀者說，不要急著生小孩，先好好體驗兩人的夫妻生活，等到步伐穩定了、有共識了，準備好再生。這是比較理想狀態，你們也不會因為沒有準備好面對育兒在身心和經濟上壓力，而爭吵不愉快。當然，也是確定對方是一個負責的、願意承認責任的人，再生小孩。這樣對小孩會比較公平。

如果遇到婆家的過度要求，不一定順從而逼自己，而是要神隊友去溝通、當壞人，不要讓自己總是為了別人的期望而活，而是想想，你們自己的意願、規劃、目標。

「也有人不生小孩，婚姻幸福、沒有遺憾嗎？」

當然有，而且還很多。我身邊很多朋友都是頂客族，夫妻兩本來就不想打算生小孩，雙方家人也都接受。因為他們喜歡倆人的生活，這樣也很好啊！（老實說，沒有小孩的夫妻，少了育兒壓力，反而感情還比較好呢！）

每個人都不同，都有選擇自己想要的生活方式，妳要怎麼過生活都是妳的權力，妳過得快樂、不覺得缺乏，也不需要活在別人嘴裡和期望裡。

　　能夠自立、自主，這就是妳想要的人生！

我不一定是好媽媽，
但我一定要當
快樂的媽媽

　　朋友說了個笑話，有天媽媽們聚餐，看到隔壁桌有個爸爸一打二帶小孩吃飯，充滿父愛的光輝，朋友忍不住讚嘆：「妳看，真是個好爸爸！」

　　另個朋友翻白眼說：「我常常一打二自己帶小孩出去，怎麼都沒人說我是個好媽媽呢？」

　　說到這裡，大家忍不住笑了，原來，當個好爸爸比當好媽媽還容易？究竟，我們是對男人太寬厚，還是對女人太嚴苛？好媽媽的標準很高，好爸爸的標準比較低。

　　「對啊！男人多做一點就是好爸爸，女人少做一點就不是好媽媽……」

　　「是啊！小孩生病、沒食慾、長不高、長不胖、不太會說話，走路跌倒，不會叫人，都是媽媽的錯。」

　　女人會產後憂鬱，很多女人總是抱著「好媽媽」匾額，覺得自己什麼沒做到，就不是好媽媽，不只她這麼覺得，身旁的

人也這樣要求她。所以妳常會看到媽媽會覺得自己不夠好、有罪惡感，於是抑鬱、不快樂。

即便現在的社會大多是雙薪家庭，育兒的責任也大多放在女方的身上（更別說有的人還家事全包、孝順外包）。在育兒這件事，很多女人覺得「犧牲」就是母職，那是應該的。如果犧牲得太少，還會覺得自己是不是不夠好？

男人對家庭、對小孩付出，我們都會說他是好爸爸，但女人怎麼付出，只要哪裡沒做好，就會很怕別人說：「妳怎麼當媽媽的？」甚至永遠覺得自己不是、不夠格當個好媽媽。

請問什麼是好媽媽？

我想，應該只要是愛孩子的都是好媽媽吧！如果把「好媽媽」當作一個獎勵、一塊匾額，甚至妳永遠達不到的目標（因為永遠有人比妳會當媽媽、比妳懂得多、比妳會照顧小孩、比妳怎樣……比不完），那麼，總是覺得不夠好的妳，會快樂嗎？

在小孩無端哭泣、無故生病，身心俱疲，永遠睡不飽的時候，「好媽媽」三個字，或旁人的一句話，就會讓妳崩潰。因為妳永遠做不到妳心目中那個完美的、理想的媽媽。

或許，我們都要拋開好媽媽的魔咒。

對，小孩就是會生病、會跌倒、會失控、會長不高、長不胖，他就不是天才，他就是每天作蠢事，我就是常搞不懂他在想什麼，我也想當他肚子裡的蛔蟲。

朋友說：「我是媽媽，但我就是會累、會懶、會想放空、會希望他現在不要找我，在好不容易送他上學後，開心去怒吃。」

「我就是不夠好、會犯錯，做不出可愛浮誇便當，我承認

就是比別人差，我不想什麼事都幫小孩做好。小孩沒有考前幾名真的沒有關係。」她說，什麼都要比，什麼都不能輸，真的太累了。

「如果我不快樂，我努力當一個好媽媽，小孩也不會愛我。」

你問我，什麼是好媽媽？我想，能夠和孩子一起真心的開懷大笑，就是了吧！

標準低一點，快樂多一點。

我要立志當快樂媽媽！

❖　❖　❖　❖　❖

以前很多人會告訴妳，當媽媽要把自己的需求放到最後，但我覺得，並不是無我，才是好媽媽。而是妳更懂重視自己的感受和需求，而不是壓抑或忽視。

作為一個孩子，也不希望母親過度犧牲、失去自己，甚至忍受不幸。相對的，我們希望母親有生活重心、有夢想、有自己興趣喜好。她的笑容，不一定是為了孩子，也是為了她自己。

孩子的成長只有一次，媽媽的人生也只有一次。

4

讓我養好體質的滴雞精

生了小孩後,發現孕期有把身體調理好,很重要!不只為了寶寶,也是為了自己,生完恢復的體力、狀態也會比較好。在開始做試管嬰兒時,就常聽人說要調理好身體,身體健康才能養好卵子品質、好受孕。所以高齡產婦我真的有用心在調理身體,也做了一些功課。

滴雞精就是我從備孕、懷孕到坐月子都有一直在喝的養身湯品。而且對於忙碌的我來說真的很方便,需要時熱一下就能喝,也省去熬煮的時間(真的沒有時間啊)。尤其我會在早晨空腹的時候,喝一碗熱熱的滴雞精,感覺很暖胃,也能補充營養和增強體力。

一路喝滴雞精下來,我覺得很有感,孕期也都很順,肚子寶寶發展很正常,而且也沒胖很多(我現在也會當日常保健喝,尤其是很累的時候超需要)。

我選農純鄉的滴雞精,因為喝起來真的很好喝,感覺就是很香醇、很實在的味道,不會油膩,喝了也不會有調味料感的不舒服。是很純的雞湯味,我很喜歡!看了一下才知道完全無添加水,選用黑羽土雞、無施打生長激素,也有國家

健康食品認證，所以很安心！

　　而且農純鄉滴雞精過濾多餘油脂，低卡零脂肪，不怕喝了會胖（女生的顧慮）真的很重要！現在也成為我們冰箱裡必備，累了需要補充體力能量時，就熱來喝。

　　推薦想備孕、孕期、產後補充體力的女生，可以補充滴雞精當作保養，也是調理身體，讓自己在忙碌生活中可以好好愛自己，照顧好自己的補給品唷！

Chapter 3

爲了你，成爲更好的自己

也許無法成為 100 分媽媽，
但我會跟你一起成長

幸福，
是甘之如飴的辛苦

有了孩子的日子，兩人每晚就是一個人顧小孩、一個人做家事，然後再換另一人顧小孩，另一人做家事⋯⋯吃飯吃戰鬥餐，好不容易才有時間喝水、上廁所。

另一半工作很忙，常回家都 8 點後了（晚餐還沒吃），我也常要一人忙著弄小孩，直到小豬寶睡了，才能喘息。有時另一半回到家，小豬寶也睡著了（平日的時候，爸爸看到小孩清醒的時間真不多啊！）

好不容易等到小孩睡著（其實在旁邊哄睡的我也常差點睡著），再做一下家事，想到還有衣服還沒洗、摺，還有碗盤、奶瓶，還要消毒，收玩具⋯⋯忙了一輪後，就 10 點後了。能夠靜下來，屬於自己的時間就是睡前的時刻吧！我想這也是很多媽媽的生活！

弄完小豬寶上床睡覺，另一半也累到在沙發上打呼了，好不容易拿了手機，打開電腦，回回訊息、繼續處理白天未完的

工作。有時睡前明明已經很累，快要睡著了，還要滑一下手機放鬆一下。難怪人家常說：「媽媽滑的不是手機，是自由！」

每天都要忙一輪一樣的家事，洗衣服、收衣服，再清潔一下客廳、小孩地墊、玩具，才能夠安心上床，也想著下一餐是不是要餵奶了？有了小孩的辛苦，真的有了才能體會。更別說很多半夜還要起來好幾次，睡不好的媽媽。

那是一種身體的累，心裡的滿足。

每當夫妻兩人累的時候，看著小豬寶的臉，就會說：「怎麼這麼可愛啊～」相視而笑。

我想，這就是甘之如飴的辛苦和幸福吧！

結婚邁入 7 年，**如果問我什麼是婚姻，我想就是妳又會嫌，又要愛的矛盾心情吧！**碎唸鬥嘴的時候妳會想著為什麼要結婚、很累的時候喪氣地想為什麼要生小孩，有時真的會生對方的氣，但是下一秒又覺得「有你真好」。

我很幸運，遇到一個好隊友，他為了家庭、為了小豬寶，真的盡心盡力，付出很多。總是比我想得多、想得仔細。在我慌了手腳時，成為我穩定的力量。

婚姻裡的幸福，不是粉紅泡泡，而是學會接受許多不完美，彼此成為對方的定心丸。努力把不美麗的現實人生，過得更溫暖、更可愛！

就算遇到了困難，妳也會覺得，妳不孤單。

網路上總是很多人討論：「會後悔結婚、後悔生小孩嗎？」

如果人生再重來，我還是會選擇婚姻，選擇你，選擇生下我們可愛的小豬寶。

看著你們熟睡的模樣，辛苦而踏實，我想這就是幸福。

5

我的孕婦寫真和小豬寶的寶寶寫真

　　沒想到我也拍了孕婦寫真！其實一開始懷孕沒打算拍孕婦寫真的，因為怕自己胖太多不好看，但後來想想或許也可能人生只會拍這一次，所以決定為自己和小豬寶留個紀念吧！

　　我在孕期 31 週的時候來拍（聽說 28 到 31 週是最適合拍照的時間點），肚子也變得蠻大的，拍照前準備一些自己想穿的衣服、攝影棚也有準備拍照的衣服、禮服可挑選，也有造型師會幫妳化妝弄髮型，配件、飾品、鞋子也都有，所以其實只要人到就可以拍，對很多懶得準備的人來說是很方便的！

　　想要拍什麼風格的孕婦寫真？我想每個媽媽都有自己的喜好。妳可跟攝影師溝通妳想要的風格，或準備妳要的服裝請攝影師幫妳找適合的背景。聽說不少孕媽咪拍了全裸的寫真（我沒膽），但是大大方方的露出肚皮，是一定要的！（人生大概就此時可以大大的挺出小腹不害臊吧，當然要好好把握機會）

　　感謝快狠準的攝影師、巧手造型師，幫我拍得又快又好，

攝影棚場景又多，所以我一個下午拍幾個小時就搞定，並不會太累。也換個許多不同造型，真的很好玩，讓我當個百變媽咪！

收到了照片，好喜歡拍出來的感覺！真心覺得有拍孕婦寫真的決定是對的！留下了美好的紀念，未來也要給我的小豬寶看當初媽媽懷孕的模樣。真的很有意義！

因為很喜歡班尼頓的專業和美美的攝影棚，我在小豬寶1歲半時也帶他來拍寫真照片留念，和已經會走會跑的失控小孩拍照，也真的是一大挑戰，我自己都沒時間補妝了！還好班尼頓的攝影助理姐姐們超級專業，會陪玩、會準備玩具、還會吹泡泡，把小豬寶逗得好開心，所以拍照都笑瞇瞇，實在太感謝了！真的很感謝專業的班尼頓團隊！

（我的孕婦寫真和小豬寶寫真在：班尼頓廣告風格攝影）

小豬寶的寶寶寫真初體驗

現在好流行拍出生1個月內的寶寶寫真！還沒生小豬寶就預訂好了寶寶寫真，超期待可以在嫩嬰時期留下美好的記憶！

當天拍照時，媽咪在旁邊興奮又緊張，看到超可愛的小小道具、服裝，整個少女心大爆發，小豬寶有時看鏡頭、有

時打哈欠，最後舒服睡著，拍起來都好可愛唷！（媽媽眼冒愛心）

　　寶寶的寫真主要是拍 1 個月內的新生兒，拍攝人員可以到月子中心拍（也可到府），服裝道具都會準備好，所以我們都不用準備（除非妳有特別喜歡的服裝造型）。寶寶拍照衣服也都會清洗、紫外線消毒，也都備有消毒乾洗手，也會專業的安撫寶寶，所以很放心。拍照也很快就結束，基本上 1 個小時左右，不會打擾太久。

　　收到照片時，忍不住大嘆超可愛的，還好有拍起來留念！

　　拍起來的照片也可以用在彌月禮盒的卡片，我覺得好有收藏的價值唷！

　　最奇妙的是，幫我拍攝的工作人員還是從小看我文章長大的粉絲，她說看到我抱小孩的畫面好奇妙、也好開心！哈，最後還拍了我跟寶寶的合照！不得不讚嘆，拍的照片好有美感！讓我跟小豬寶有了美好的紀念。因為拍照約的很滿又要抓產後 1 個月內的時間，還沒生寶寶的孕媽咪要快點預約唷！

　　（新生兒寶寶攝影：莓果寶貝攝影工作室）

孕婦和寶寶都可以用的保養

　　從孕期開始就用的日本 Atorrege AD+ 保養品，是我一直就有在用的品牌，用到今年已經是第 9 年了呢！所以很安心使用，尤其是針對敏感性皮膚來說是非常溫和的，我也會買來送朋友。朋友也都變成愛用者！

　　懷孕期間皮膚比較乾燥，因為孕期有很多時間在冬天比較乾，有時還會因為乾燥而癢癢的，所以我也很挑保養品使用，AD+ 的高效保濕舒緩身體乳，很保濕又不會油膩，擦了瞬間吸收，容易塗抹不黏膩，是我很喜歡的日常保養。含有多種維他命、植萃及胎盤蛋白，很滋潤、保濕。這也是孕婦嬰幼及敏感肌都適用的，我也用得很安心！

　　有了小豬寶後，就會特別會留意小孩也可以使用的保養品，AD+ 有孕婦、小孩和過敏皮膚都可以用的沐浴乳，我很早以前就用過了，很喜歡它自然淡雅舒服敏感的味道，也不會刺激皮膚。高效保濕舒緩沐浴乳含有高純濃植萃潔淨成分，溫和潔淨肌膚，洗完也不會乾澀，可以保濕、舒敏和修護皮膚。小豬寶洗澡洗頭都很喜歡，洗頭時也不會刺激到眼睛。

　　另外，夏天到了一定要幫寶寶擦防曬，現在的太陽太可怕了，但我本來買的嬰兒防曬乳，我覺得都太黏膩厚重了，擦身體還好，但我不敢擦小豬寶的臉。尋尋覓覓才發現，我

自己本來就愛用的 AD+ 輕透亮白防曬乳液，就是小孩也可使用的！（也太晚發現了）

　　這真的是我敢擦在小豬寶臉上的防曬，因為超級清爽、無負擔（所以我自己也很愛），一推開就覺得很輕薄，100%純物理性防曬。我自己是夏天時沒化妝也要擦全臉，身體也會擦，尤其臉上擦了後如果要化妝也不會有厚重感，真的很好用。

　　我會準備個一兩瓶，放家裡、放包包裡，有時帶小孩出去玩，也可以補擦，出門忘了擦也可隨時備用，小豬寶雖然是男生，但我還是要好好保護他的皮膚。

　　看來，孕婦和寶寶都可以用的 AD+ 要一路陪我們一起成長了，哈！

小豬寶的營養補給

　　好怕生病，小豬寶的防護力靠 Panda 了！

　　天氣變化大，或上學後很多寶寶都會生病，所以增強防護力好重要！知道媽媽界口耳相傳的 panda 是豬寶媽朋友推薦的，給小豬寶吃了後覺得不錯，現在也是小豬寶每天必吃的保健食品！

寶寶增加防護力

　　「藻精蛋白粉」是加強防護力的日常保養，而且新生兒就可以吃囉，我都是泡在奶裡。

　　也有加強版的藻精蛋白滴液，如果剛好身體有點狀況，可加強補充；也有隨手包，外出方便攜帶。搭配黃金牛初乳蛋白雙效加乘，對於增加防護力的效果非常好。

寶寶胃口不好想增加食慾

　　如果寶寶脹氣腸絞痛，胃口不好，真的很傷腦筋！補充「乳糖寶綜合消化酵素」可以有效獲得緩解，乳糖寶可以幫助消化 好吸收，新生兒就可以食用囉！

　　含有乳酸菌發酵綜合酵素、專利複方益生菌，緩解肚肚不舒服，寶寶也比較不會哭鬧。餐前補充半湯匙可幫助增加食慾唷！

寶貝想長肉肉

　　「黃金牛初乳蛋白粉」珍貴的牛初乳含有乳鐵蛋白、多種免疫因子及生長因子。雙優質蛋白可以強健體格。

　　搭配乳糖寶一起補充就是「暴風成長」組合，想幫助寶寶成長曲線就選這組。（為確保活性，以上營養品的水溫沖泡需低於 40 度 c）

　　這都是我有買給小豬寶吃的，panda 是台灣專為嬰幼兒設計的全方位營養補給品牌，產品都有 SGS 檢驗合格，近日 Panda 也通過了國際 A.A. 無添加認證，是台灣第一個拿到 100% 無添加的寶寶營養補給品牌，真的讓人很安心。

　　小豬寶頭好壯壯，成長曲線也很漂亮，小孩的身體健康真的是媽媽最關心的了！

懷孕最怕
逼死人的體重

　　朋友抱怨：「孕婦可以不要一直強調自己只胖幾公斤嗎？尤其是小於 5 公斤！」

　　有朋友現在懷孕 8 個月，很難過地說，自己重超過 10 公斤了，卻看到有人在 FB 上一直強調自己要生了還沒超過 4 公斤。

　　「是要逼死人嗎？」她說，很多懷孕的女生，被藝人、媒體報導誰懷孕不超過 5 公斤，搞得大家體重重了一點就神經緊張。而且，很多女生也追求懷孕要看起來不像孕婦，胖得少才是漂亮、時尚，也壓力太大了！

　　我笑說：「我當時也超怕的，但後來胖了 8 ～ 9 公斤，我也看開了，而且最重要是小孩健康吧，我為了要讓小孩超過 3000 克，也不管了，後期多吃肉，還好小豬寶 3200 克，很健康！」

　　「是啊！真的可以不要再炫耀懷孕很瘦這件事了，對其他人來說很傷。」她哀怨地說。

　　很感謝我的醫師，都沒有在過問我的體重，孕期也都順順

利利，產檢也都很放鬆。

我覺得胖了再慢慢瘦就好，急什麼呢？把身體照顧好才是最重要的。只要自己和孩子平安健康就好，而且餵母乳也瘦很快。重點是不要給自己壓力，該吃的就吃，做月子也不要急瘦身，而是吃好吃飽、養好身體才是！

我在月子中心的時候，每天都吃好吃滿，除了分量十足的月子餐，我婆婆還每天午餐、晚餐都送來剛煮好，熱騰騰的超補湯品給我加菜，所以我真的吃得很好。雖然這樣吃，但我在月子中心時也不知為何瘦得蠻快的，我想是因為都在餵母奶吧，所以不用太擔心，月子餐要吃、要睡飽，好好的休息，才是最重要的。

但說到體重，真的會逼死許多懷孕、生完後的女生，朋友說：「我很不能理解，現在孕婦都要流行看起來不像孕婦，看起來像不行嗎？而且生完就要像女藝人一樣瞬間瘦，有必要逼死人嗎？」

看來，除了產後憂鬱，還有產前憂鬱，比誰懷孕胖得少，誰生完瘦得快。當女人也太辛苦了！

我告訴她，不要去看別人講什麼，人家要炫耀就讓她去吧！孕期要保持心情愉快、不要有壓力，只要媽媽和孩子健康就好，因為媽媽開心就是最好的胎教。

＊　＊　＊　＊　＊

（其實我從來不量體重，除了健檢和產檢不得不量，因為不想被體重控制影響心情，開心當吃貨，也喜歡運動，健康和快樂對我來說才是最重要。）

6

孕期保養、產後瘦身，我的經驗談！

自從懷孕後，因為身為高齡產婦，所以深深覺得一定要好好保養。雖然說我自己是個蠻懶的人，孕期也沒有一直在做功課，或很緊張，反而是我另一半比我還喜歡做功課、做研究（他一直是這樣的人），所以孕期該吃什麼，都是他買好準備給我吃的（真的是神隊友）。

我自己只有在**飲食上比較稍微注意一下，不要吃沒什麼營養的東西，不吃油炸、不吃生食、也不吃太多甜食，也不碰有中藥材的食物。基本上就是健康清淡的飲食。**所以懷孕期間皮膚在沒有特別保養下，也變得比較好了，看來飲食真的功不可沒。

在身體的保養上，**我在孕期比較穩定後，有做過孕婦spa 按摩，緩解身體的不舒服和腿部的腫脹，也去固定的美甲店做腿部的保養，**基本上針對孕婦的按摩都不是會按得很重的那種，主要是讓妳比較舒服，我覺得有需要可以去放鬆一下！

因為我本來就有固定運動的習慣，**大約懷孕到了 4 到 5 個月穩定期（初期懷孕我有休息一下），**我就恢復了運動，

主要針對肌力的鍛鍊，不是那種跳來跳去的有氧。有老師的教導，也會針對孕婦做一些調整，真的做不來也不勉強，基本上都是很安全的運動。其實我跟沒有懷孕時做運動沒什麼差別，還被老師説：「妳真是靈活的孕婦！」一直運動到 30 幾週吧。

　　因為決定自然產，我覺得有運動真的有幫助，有比較好使力，而且意外的發現，產後的回復也蠻快的耶！所以如果有運動習慣也可以持續做安全運動，沒有運動習慣的就很推薦孕婦瑜珈了！

　　我自己也有上孕婦瑜珈的課程，對於身體的伸展和骨盆的鍛鍊也很不錯，也算是比較和緩的運動，蠻推薦孕婦可以去專門教孕婦瑜珈的地方上課。懷孕也是要動一下，我覺得這樣比較好。

　　如果妳真的不喜歡運動，懷孕的時候也可以散散步，走走路也是很不錯的運動喔！

　　另外我發現，懷孕後不知道為何身體變得比較容易乾燥，我在孕期第二個月開始就有擦孕婦肚子用的美體霜、潤膚油，因為很怕有妊娠紋，我擦得蠻勤，除了早晚擦，有時候想到就擦一下。但聽很多人説，會不會有妊娠紋，跟體質很有關係，但我相信，有擦有保佑，所以我的肚皮真的一條紋路都沒有，懷孕時肚子很光滑漂亮。還有特別要提醒，生完也要擦喔！因為生完肚皮會鬆，更需要擦。基本上我都是先擦油

再擦霜。

　　臉部的保養，我也特別使用比較自然無香精的保養品，日本 AD+ 的敏感性肌膚保養品是我用了很多年的，非常安心他們的成份，所以像是身體乳、沐浴露都是使用 AD+，而且他們是強調孕婦、寶寶也可以用的，所以我孕期、坐月子也都使用 AD+，連臉部保養也是。

　　很多人都說懷孕還是可以正常染燙頭髮，但我自己還是沒有染燙（所以建議要懷孕前先把頭髮染深色，比較不會有布丁頭的困擾），一直到坐月子的時候受不了，大約一個月後就去補染了（但當天的母奶就沒有使用了）。其實現在並不是懷孕了什麼都不能做，這樣也太逼死自己了，我看醫生也都說不用擔心太多。基本上，只要妳開心就好。又不是天天染頭髮，不是嗎？

　　雖然懷孕沒有胖超過 10 公斤，但是生完後，鬆下來的肚皮真的很洩氣，而且肚子並不會馬上消失，大約還有 6 個月的大小吧！而且還軟軟垮垮的，真的讓很多媽媽一生完看到肚子就難過。

　　我大概生完第三天，就拿綁肚子的黏貼式束腹帶，把肚子包起來（怕不舒服的話，包在衣服外面，或裡面有穿一層衣服），其實這是剖腹產生完後要馬上固定肚子用的，但是自然產也可以使用啊！也因為有把肚子綁起來（不用到太緊喔，稍微有點緊度但舒適就好），不會覺得肚子鬆鬆垮垮的

會掉下來，所以這樣也很不錯！我在坐月子的時候也會黏著，我發現肚子也會消得快一點。雖然不會完全沒有肚子，但加減還是有點差別。

到了月子中心後，我就有跟塑身衣約好來月子中心幫我量身訂做塑身衣，我是在懷孕時就看好了瑪麗蓮的塑身衣，所以坐月子就約好時間量身，真的有穿有差，本來第一次訂做時肚子都鬆鬆的，穿了一個月就可以改小件了，量身訂做修改是免費的服務，所以塑身衣我幾個月後鬆了再拿去改小，看到自己身型慢慢回來，真的很開心！

在月子中心時，我們也有瑜珈課可以上，有些簡易的動作也可以開始練習，我做完月子後因為在家帶小孩也沒辦法去上運動課，所以都是在家裡做一些動作練習。之後送小豬寶上學後，我才恢復上課運動，有開始運動，身材的回復也比較好。

很多人非常重視體重，但我發現體重真的只是參考用。我一生完 3 天後到月子中心時，要量體重，那時候已經少了 6 公斤了（嚇了我一跳，我什麼都沒有做啊！），我想可能是生完後胎盤羊水少了，所以體重有減少。所以身上多出來的也剩 3 公斤。即使後來出月子中心後，體重也回來了，但一切都不一樣！因為體重就算一樣，但身型就是不一樣，本來緊實的肉都鬆了，最明顯的就是手臂吧！我生完一年都不敢穿無袖的衣服，因為手臂變鬆了、背也變厚了，腹部肉也

是鬆鬆的，這已經不是體重的問題了。這一定要靠運動才能讓肉變緊實啊！我後來也是慢慢運動半年、一年後，才練回來。但必須説，真的非常不容易！女人生小孩真的犧牲好大啊！

現在小豬寶快兩歲，這半年來，我開始練重訓，我發現對我來説很有效。體脂也降不少，也練了點肌肉，比較能負重，當然每天都要抱 10 幾公斤的小孩真的都是在舉重啊！但是有練、有運動，我覺得體能也比較好，有肌肉代謝也比較好。

我雖然不是保養達人，也不是要求自己非常高的人，基本上我就是做自己喜歡的事，把保養和運動當作生活得一部分，畢竟我還是要當小豬寶的漂亮媽媽啊！（自己説）

有了小孩後，我們也要好好照顧自己，這樣自己開心，才能有正面的心態和好的情緒，去面對育兒生活得辛苦忙亂。不是嗎？

至於要不要生第二胎？我想到這些都要重來一遍，還真的不容易啊！（姐已經是超級高齡產婦了）一切都隨緣吧！哈！

7

重回到產前身形

產後回到產前身形真的很不容易，我也是慢慢地回來（繼續努力中）不得不說，生完就來量身訂做得瑪麗蓮塑身衣，讓我慢慢找回自信！

蠻多人問要不要穿塑身衣，穿不穿得住？其實我穿的效果還不錯，產後穿了一個月就去改小尺寸了！１年也改小了３～４次，現在除了產後的塑身衣，也量身訂做平時就可穿的長束褲、短束褲、還有外型像泳裝的塑身 Body，作為平常穿著，讓自己能繼續維持，也更方便穿脫，穿起來更輕鬆！

連身的塑身 Body，就像穿一件內搭，還有含胸罩，塑身＋內衣一件搞定，有加寬調整式肩帶設計，避免肩帶滑落，舒適無鋼圈罩杯穿起來很舒服！

我選百搭的黑色款，腰腹部有雙層加壓設計，材質真的不厚，可以收起小腹但是又不會不舒服，下方開釦設計上廁所也不用脫掉，很貼心。穿起來有效果，脫掉也很美！

另外訂做得長束褲、短束褲，是我想要天天穿的束褲，配長版上衣露出來也不覺得尷尬。而且也是「量身訂製」的，腹部排扣設計有效收腹，不勒腰不擠肉！大腿內外「雙層加壓」設計，真的又緊又有增長效果。

就像合身褲子一樣可內搭外露，很適合長時間穿，運動也可以穿，不會悶熱超透氣，比純棉快乾 3 倍。3D 立體臀杯設計，穿起來不壓臀，有翹屁屁！我本來只想訂做長褲，但後來連短褲也一起做了，因為真的太實穿了！

　　我覺得材質好，真的穿起來才感受的到，而且穿起來很美，自己看了也心情好！

我的母乳之路

　　每個媽咪的母乳之路都是辛苦的，我想，沒有進入母親這個角色，真的很難懂哺乳的血淚。在懷孕時，有參加了母乳講座，瞭解學習餵母乳這件事，但其實也不是真的很能理解。加上我自己小時候沒有喝母乳，家人也是沒有什麼母乳的體質，所以我也以為自己應該是沒什麼母乳可以餵的人吧？

　　在生完小豬寶第二天後，就有護理師來教導怎麼擠母乳到滴管，擠了半天只有一兩滴，所以我也想放棄，覺得自己應該也是沒有母乳的體質。沒想到，在生完第三天，另一半問我為什麼衣服濕濕的？我也低頭看了一下，以為是喝湯的時候滴到的。沒想到仔細一看，原來是母乳自己流出來弄濕了衣服。嚇了一跳，原來我是有母乳的人啊！

　　還記得第一次抱小豬寶，餵他母乳，他還傻傻地不知道是什麼，也不知道要吸。後來突然感應到這好像是可以吃的，就瞬間吸了起來。還記得那畫面，真的很有趣，但那一刻還真痛

啊！原來這真的是嬰兒的生物本能，讓我又驚又喜！

但是有了母乳，真的就是辛苦又痛苦生活得開始。在坐月子時，每天都在塞奶痛，真的是睡覺翻身都痛，而且我很想一覺到天亮，不想要半夜起床擠奶，但只要睡到早上，衣服都會濕掉，變成石頭奶，真的很痛！還好那時候有找泌乳師來按摩疏通，讓我免於塞住，那時候真的很感謝泌乳師！

說起來，餵母乳的心情很複雜，又怕塞住、又怕沒有母奶，就是一種想要又會害怕的複雜情緒。又要定時餵奶、擠奶，又會痛，那段時間真的都很難好好放鬆休息。又讓我很挫折的是，在月子中心擠奶後都會裝瓶拿去櫃臺保存，看到很多媽媽都超多母奶、用大罐的奶瓶裝。但我只有小小一瓶，不太容易超過100ml，實在是人比人氣死人，覺得自己量好少啊！

現在回想起來，**其實母乳多寡本來就因人而異，有餵就很好了，不要去逼自己、讓自己有挫折感。**像我的體質真的就不是「乳牛」，量不會太多，也沒辦法持續太久，我已經很努力了，但也只有半年的量。之後就慢慢減少、沒有了……

但想想，我算幸運的，沒有像有的朋友還乳腺炎啊、開刀……真的很辛苦。但那餵母乳的半年，也是辛苦的天天都要定時擠乳，睡前也要擠，快睡著了還要坐著擠乳，真的每天持續下來很不容易。

雖然累，看到小豬寶喝完奶，睡得好幸福，吃飽飽的，有時還睡到偷笑，就覺得好滿足！

雖然我的奶量不多，無法塞爆冷凍庫（我只有一兩包的存量），很佩服多到還可以作肥皂的朋友。我主要還是要靠配方奶，其實媽媽不要有罪惡感，覺得母乳不足、要喝配方奶，是

不是自己不夠好（媽媽內心的小劇場好多），**配方奶也很好！小孩都會健康的長大，真的不要想太多、太擔心！**

　　不管有沒有母乳，每個媽媽都是不容易的，尤其生了小孩，我更能體會媽媽這個角色的辛苦。對每個身為母親的人，多了更多同理心，體諒和理解。

　　現在回想起當時辛苦的母乳之路，也是甘之如飴。為了小孩的付出，都是苦中帶甜！不是嗎？

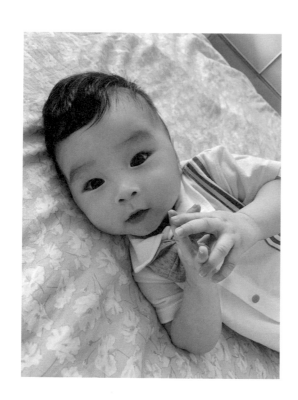

月子做得好，
身體會變好！

　　今年的冬天雖然很冷，但老實說我穿大衣外套的日子少之又少，每每穿著一兩件就出門，媽媽看到都問我：「妳不會冷嗎？」真的不太會冷耶，仔細想想，應該是我月子有做好的關係。

　　我本身體質就是比較不怕冷的底子，體力也挺好，孕期也都很順利沒有不舒服，走路運動都跟沒懷孕時差不多，也沒有走得比較慢。朋友常笑我是健步如飛的孕婦。

　　最近也覺得生完後這一兩年真的身體比較好，我都笑說：「我應該是月子有做好！」說真的，我做月子應該做了快3個月，在月子中心住了40天，回到家後，另一半早已經預約了月嫂一個多月，所以我算是做足了月子。所以有好好照顧身體，飲食也吃得很健康。

　　說到月子餐，在安馨產後護理之家時，我每天都吃的很好，也吃得超飽，每天還有不同的湯湯水水可以喝。加上我婆婆就住在月子中心附近，所以每天中午、晚上她都幫我「加湯」，

很會料理的婆婆每天都送兩種不同的湯品，魚湯、雞湯，還有放中藥熬煮，實在是太好喝、太補了！所以我每天都吃得好、喝得好。真的非常感謝我婆婆對我的悉心照顧！

聽人說，坐月子最重要的就是「好好休息」，我想這就是月子中心最重要的角色吧！因為在月子中心，有專業的護理人員照顧小孩，讓妳可以好好的休息、睡飽，小孩在嬰兒室，妳不會聽到嬰兒的哭聲。想要餵奶再跟護理人員說就好了，想休息也可交給他們去照顧處理。我想，如果在家坐月子應該會一直聽到小孩哭，就很難好好休息了。（還有家裡會有其他人、長輩、訪客，妳真的很難休息）

再來，我覺得月子中心最好還有與醫院合作，像我在茂盛醫院生完小孩，月子中心就在樓上，要去產科回診很方便（下樓就好），小孩也有小兒科醫生巡房、照顧，有什麼問題直接在醫院看診也很方便。像小豬寶生完三天到月子中心後，突然黃疸指數變高，我當下馬上抱去給醫生看，在小兒科醫生照顧下，醫院照了兩三天光就復原了。當時我真的是很緊張，還好有專業團隊的照料，讓我不用為了就醫奔波，也不用擔心太多。

因為我也有請月嫂到家裡坐月子，兩種方式我覺得都可以，看妳的個人需求。月嫂有分半天和全天，我是請月嫂來白天的時間，晚上時間我是自己顧小孩，也算是讓自己開始適應帶小孩。月嫂基本上會照顧所有小孩大小事，也會煮月子餐給妳吃（如果請她多煮一點家人一起吃也是可以的），也會做一些家事。所以如果喜歡在家裡坐月子，找個月嫂也是不錯的選擇。對我來說最大收穫就是從月嫂那學到一些帶小孩的知識和技巧，對我來說也蠻有幫助的！但月嫂也跟月子中心一樣很搶手，最好確定懷孕就

開始尋覓預約，月嫂也要面試，所以記得早點規劃喔！

坐月子的時候，很多人會有許多禁忌，最常聽到的就是不能洗頭、不能外出，這是我很疑惑的。不能洗頭應該是古時候衛生和衛浴條件不好，沒有吹風機，所以怕會著涼。但現在洗澡洗頭都很方便，我的月子中心還有暖風設備的浴室，也有像是美髮院可以幫妳洗好直接吹乾。真的超方便！也不會著涼啊！我一開始忍了 10 天受不了就去洗頭了，洗完後有如新生，到底在忍什麼？而且不洗澡洗頭，衛生也不好，如果要抱小孩、要餵奶，接觸到小孩也不好啊！

也有人說不要外出，我想如果是寒流或很冷的天氣或許有道理。但我做月子時是 5 ～ 6 月，在台中真的很熱，在月子中心反而要一直吹冷氣，走出門還可以曬曬太陽，我覺得很舒服！所以我生完第二週就出門，還跟來看我的爸媽去吃飯。坐月子期間我也常在附近走走，去買東西吃、逛便利商店、逛寶雅，我還去腳底按摩呢！實在是很開心，一直悶在室內我想我也會悶壞吧！

如果天氣比較冷，外出就要好好保暖，很多產婦會戴帽子，很怕頭著涼，我也買了毛帽來戴，但發現也戴不太住，大熱天戴著毛帽出門也實在很詭異，所以戴棒球帽應該是比較好的選擇。但我覺得還是要看天氣，也不要因為太怕冷穿了太多，也不會舒服。

我自己覺得坐月子最重要的還是要多休息，不要逼自己一定要親子同室太久，我都只有 4 小時左右，沒有過夜，哈！因為我想好好休息。要過夜以後都是機會，而且還沒有地方可以送回去呢！可以體驗親子同室，陪一下小孩，學習照顧，但不要因為有送什麼禮物就硬撐（比起妳付的費用，怎麼算都不划

算的），也真的不要讓自己坐月子就太忙、太累，這樣對身體的復原比較沒有幫助唷！

在坐月子的時候有什麼破戒呢？好像也只有叫 Uber Eats 的飲料吧！哈，每天湯湯水水喝的好膩，好想來個凡間的飲料，但又因為哺乳不敢亂喝，所以我都會叫黑糖鮮奶來喝，聽很多人說喝一點珍奶、奶茶，很能提高奶量，就算有一點點茶也沒關係。但我想，提高奶量主要是因為媽媽心情好吧！就像我喝了喜歡的飲料，也心情超好！

無論如何，妳都要重視自己的需求、妳最需要什麼？如果別人對妳的要求或規定，就自己做評斷，妳自己再決定怎樣做是對自己最好。**坐月子一定要開心、要放過自己，要好好吃、好好睡，把身體調好**。未來的日子還很漫長，就像我現在每天都要跟小豬寶睡過夜，哈！還挺懷念在月子中心舒服的日子呢！

（安馨真的是很棒的產後護理之家，住過得媽咪都會回去住，我也好想、好懷念啊！但是要生第二胎，哈！）

妳也常説：
「沒關係，我來就好！」？

　　離婚的朋友說，她以前最常跟另一半說的就是：「沒關係，我來就好！」她包攬了大小事，工作、育兒，包辦家裡大小事。結果，對方外遇，跟一個什麼都不太會、都要他來做得女生在一起。她苦笑說：「我以前就是做太多……」。

　　有人說，婚後老公變成了什麼都不會做，家事、帶小孩都是她在做，老公只會躲起來打電動、滑手機……，也有人回：「是妳寵壞他了！豬隊友都是自己寵出來的，妳都做完了，他要做什麼？」

　　我問：「所以，妳是不是也常說『沒關係，我來就好』？」

　　聽了我也嚇一跳，其實我也常會這麼說，對於不愛麻煩人的魔羯女來說。能夠獨立自主、靠自己完成，比在那裡等人來幫忙還快樂多了。不用看人臉色，不必伸手、不求人的感覺是多麼爽啊！

　　「所以妳也會變成自己做到死的人囉？！」

「妳是不是也曾遇過交往的對象離開妳、選擇別人，是說妳一個人可以過得很好，但她沒有我不能活？」

「妳是不是也遇過妳在金錢上、生活上支援對方，結果他劈腿找了一個他需要照顧、支援的女生在一起？（還用妳的錢）」聽朋友說完，好幾個中槍者紛紛掩面逃跑。

其實「沒關係，我來就好」這句話是多麼的體貼，對方聽到了應該要感謝、珍惜才是。但為什麼很多人說久了，就變成了自己付出比較多，被當作理所當然、對方也順勢的把事情都交給了妳……妳也會有這種經驗嗎？

有朋友說：「所以感情裡我都當個被動的人，會的也要裝不會，懂的也要裝不懂。這樣比較輕鬆。」

但是，真的要這樣才能得到幸福嗎？

我不認為在感情裡什麼都不做，才是聰明。**付出是幸福，但是互相更是幸福！**不可否認，感情裡的假裝是一門高深的藝術。但如果我們不想假裝呢？我們就是想要付出多一點呢？

我很疑惑，難道就要因噎廢食，害怕對方不付出，我們就不去主動付出了嗎？我不這麼認為。或許是人的問題，不是付出的問題。有的人會感謝，有的人就是不會。

但，再怎麼獨立的人，也是需要體諒、需要幫忙，感情裡並不是一個人付出，而是互相不是嗎？

以感情裡的互相來說，我覺得，**即便妳很能幹，也要留一些給對方發揮。讓他參與、讓他有成就感。兩個人都能給予、都能得到，這才是良性的互動。**

重要的時刻，妳可以說：「沒關係，我來就好！」當妳需要幫助時，妳也想要聽到他說：「我來就好。」

當個「裝不會」的女生太累，當個「真的不會」的女生也太有風險了（畢竟妳不可能一輩子都要靠別人），與其要在那裡演一齣不真心、扮傻的戲才能得到愛情……。

　　不如，找一個真的能珍惜妳、感謝妳，可以跟妳一起分擔的伴侶在一起吧！

　　他會欣賞妳的聰明、有時很 man 的一面，也會鼓勵妳做自己、自在飛翔。他希望妳有了他活得更美麗，而不是沒有他就不能活。

你當我的 Superman，
我就會是你的 Superwoman ！

　　「親愛的，我來就好」這不也是一種浪漫？

小孩最好的教養，
是父母的身教

　　外出時見過有父母，在小孩面前罵髒話，在孩子面前罵人，在餐廳裡對服務人員大小聲，我常想，他們的孩子看到了會如何？會不會模仿，想起來就覺得很可怕⋯⋯

　　有了小孩後，常聽到很多關於孩子的教養話題，要怎麼教小孩，但我覺得最關鍵的，還是「父母的身教」。朋友說，請再好的老師、進再貴的學校，父母歪了，小孩也不會好到哪去。

　　最近小豬寶語言模仿力驚人，我都要很小心講話，而且1歲多的孩子就會觀察、模仿我們的言行，更讓我覺得自己要更注意，檢討會不會不小心成為壞榜樣。

　　現在，我更覺得孩子像是我們的老師。有了孩子，我才會努力成為一個更好的人，看著小孩的天真善良，我更該更柔軟、更善良，小孩崩潰挑戰我的情緒，讓我要做好情緒管理、有更好的 EQ（老實說很難，但我有努力調整）。

　　小孩的言行，就像一面鏡子，反應出我們是什麼人、怎樣

的父母。

家庭教育影響甚大，就像我從另一半的父母，看得出來他們的家教很好，所以他的人品和家人，是我覺得會跟他在一起的關鍵。

朋友說，如果有的父母怪小孩不孝、怪小孩愛錢、自私自利，其實反過來想，小孩也是他們教出來的，父母若沒給孩子愛、也嫌貧愛富很愛錢（或用金錢控制關係）或自私，小孩也很可能一樣。不是嗎？

有了孩子，讓我時刻反省、改進，當了父母也要進步。而不是只要求小孩進步，自己卻零成長。

身教，就是我們希望小孩做到，我們就要先做。妳不希望小孩看電視，妳就不要一直看，不想他玩手機，妳就少在他面前滑手機。妳希望他多看書，但自己都不看書？我們自己都做不到的事，怎麼要求他？

當然，我們不是完美的父母，我也不想當一個完美的、100分媽媽，我只想當「快樂的媽媽」。哈！我不會要求自己什麼事都會做、十全十美（不可能），我只希望自己成為媽媽後，可以做一個和小孩一起成長的人，帶給小孩正能量、快樂、安全感和愛。

當然，我還是會崩潰、會抓狂，會累會無力。感謝孩子，讓我反省自己的不足和弱點。

常以為，為了孩子失去很多，但想一想，我們得到的更多、更多。

謝謝你，讓我努力成為更好的自己。

給對愛，
就不怕寵壞

 小孩不能被誇獎？哭了就要抱嗎？要陪睡還是讓他自己睡？哭不停要怎麼辦？要給他看手機嗎？

 有了小孩後，發現養育、教養真是門學問，而且每個人意見都不同，要怎麼帶小孩？真是新手爸媽的功課。

 尤其是有人說，小孩不能誇獎，但我就很愛忍不住誇獎小豬寶，好難啊！到底為什麼？

 有人說照書養，我也看了不少書（還分不少學派），看得我也不懂到底怎樣比較好？後來我發現，小孩的性格不同，在教養上的方法也不會一樣，適合別人的也不一定適合我們。

 其實，媽媽自己的內心對孩子的了解，還是最重要的！畢竟，每個小孩的個性、特質都不同啊！

 現在的人都怕寵壞孩子，想給他愛，又怕變溺愛，以後很難管。但不給他想要愛和需求，又會沒安全感、沒自信。真的很不容易拿捏！

很多人說我運氣好，有個好帶，來報恩，又好吃好睡、個性穩定的小孩，但他越來越大，我也要把他當個小大人來教，人家說小孩 3 歲以前真的很重要。

跟我的想法很像，我覺得要建立小孩的自我肯定感、自我價值，讓他感受到愛。我會給他誇獎，告訴他：「你做到了！好棒！」小豬寶也會回報我自信的微笑。

該抱的時候我會好好抱他，告訴他：「媽媽很愛你。」在忙的時候，我讓他自己玩，也會不斷告訴他：「媽媽就在旁邊喔，讓我忙一下，等等陪你喔！」好好跟他說，他就會知道，其實他都聽得懂（現在小孩真的很聰明）。

要給小孩安全感的「依賴」，也要培養他的「獨立」，我覺得很認同。該撒嬌時，就讓他好好撒嬌，該讓他學習自己來時，就要讓他試著獨立。再給他鼓勵、肯定！

育兒之路真的不容易，很多人會失去耐心、暴怒，目前我還沒到那個階段，可能我年紀大了吧，現在情緒比較穩、比較有耐心，但也是會累。

所以，媽媽自己的內心和情緒要照顧好也很重要，快樂的媽媽才有快樂的小孩，也試著不要給自己太大壓力吧！

No.34

我是媽咪，
我也是我自己

　　自從有了小豬寶後，這兩年對我來說轉變很大，角色的變換、時間的安排，還有心情上的轉折。當然，更多的是疲累，這也是有了孩子後的責任和包袱。但是，我還是很慶幸，我能夠經歷有小孩的這個人生轉折，對我來說，收穫很多。

　　以前寫到「愛自己」，但有了孩子後，當媽媽好像就很難好好愛自己了，凡事都常以小孩為優先，等想到自己時，已經是很後面、後面的事。或是根本想不到自己，已經忘了自己本來應該是什麼模樣了。

　　本來以為我是個很正面、很樂觀，很會處理自己情緒的人，但是遇到了育兒的種種挫折和難關，我也會情緒失控、變得比較負面，甚至常會低潮無助。所以我要花更多的力氣去面對自己不夠好的事實，去處理自己的心情、情緒，學會當一個比較好的媽媽，容易嗎？一點也不。

　　因為育兒上遇到的挫折和疲憊，也影響了跟另一半的感情，

有時會為了孩子的事情鬥嘴，講話也變得沒那麼好聽了。有時想想，孩子的確是來磨練感情、磨練自己的，也還好，我們都是愛家、愛孩子的人，一路走來也是攜手相伴。

也因為角色的轉換，我也會常扮演不好不同的角色，想要好好工作，但是時間、心思可能都被綁住，無法全心全意的好好工作。想要寫作，但手邊總是有做不完的事，心裡常想著要寫什麼，可能下一秒又忘了要寫什麼。

想要好好照顧小孩，但我知道我不是個能完全勝任母職的人，天生性格比較大而化之，沒辦法當一個什麼都顧好、不會出錯的媽媽。想要把家裡整理好，但每天都有做不完、不做不行的家事，常哄小孩睡的時候，自己也累的想睡了，還是要撐起來把沒做得家事做完。於是，很多時候我在什麼都做不好的情況下，覺得很討厭自己，很無助，也很無奈。

慢慢的，我知道我必須調適自己心情，否則一直這樣下去，我連自己是什麼樣子都不清楚了。於是我瞭解了，我要欣然接受我不完美，不可能什麼都做好，然後用一個讓自己比較開心的方法去過生活。

如果沒時間準備小孩的食物，就買現成的冷凍寶寶餐吧，如果做不了太多工作，就捨棄一些，只要專注在重要的事情就好。沒有時間寫作，就不要逼自己每天要寫出東西，而是好好準備再寫。

生活中，也需要做一些取捨，我也少了交際活動，把時間用在更值得、更重要的家庭生活上，當然，有了孩子後少了與朋友的聚餐時間，我也只能請朋友體諒，但真正的好友會懂得妳的需求，給予生活上的關心可能比常見面更好。

現在很流行的說法「斜槓」，**我想，每個媽咪都是斜槓媽咪，都要扮演很多角色、工作、家庭、育兒之外還要經營自己的生活和夢想，一點也不容易，一邊忙碌著，一邊抓緊零碎的時間完成每件事，對我們來說，都是生活的挑戰。**

很多女人說，有了家庭、孩子，往往就忽略了自己。但如果我們沒有好好愛自己，我們又怎麼用愉快的心情來面對別人呢？我一點也不想變成一直在抱怨、原地踏步，又對別人情緒勒索的人。

於是，我明白了，我們都要拋棄那常會覺得 Guilty 的自己！

不要為了「怕自己不夠好」而去做，而是，不管做了多少都要覺得自己很好！覺得「我夠好了」，給自己加分，而不是一直減分。

不要為了「怕別人不喜歡我們」而去勉強自己，做任何事都是自己開心、甘願再去做，不然，就留給別人做。討好別人，並不會得到認同，只會讓自己無止盡的退讓。

也不要為了「別人都比我好」而去否定自己，每個人都有好的一面，也有不足的一面，就算別人都比較優秀，我們也去肯定、去學習，不要去比較。因為，當妳變得那麼好，妳也不一定比較快樂。

不管妳當哪一個角色，最重要的還是「妳自己」，不要忘了！

我是小豬寶媽媽，也是某人的太太，也是陳小姐，而大部分的時候，我都是陳小姐。我不習慣用媽媽和太太稱呼我自己，我喜歡我的名字，而且我有自己的名字。我覺得這是我最重要的角色。

為了別人而活，也不要忘了為了自己。這不是自私，而是我們懂得顧好自己，把自己的角色扮演好，才能去扮演更多角色。

親愛的孩子，我愛你，但我不失去自己。除了當媽媽，我也有很多自我的夢想和生活，我會牽著你的手向前，我也會走出我自己的路。

我可能不是完美的媽媽，但我一定要當最開心的媽媽，最快樂的自己！

我的寶貝，
謝謝你黏我

時間過得好快，小豬寶現在是個活蹦亂跳的小搗蛋了。

他現在很黏我，有時會一直大叫來吸引我注意，看到我就會奮力跑過來，我去樓下丟個垃圾，他也要站在門口等我回來。喜歡看著我上廁所，還邊看邊笑（視線不能沒有我嗎？）常常伸出手來，要我抱抱！（但是寶貝，你已經會走了耶）

當媽媽的這一年多來，生活都不同了，真的好忙好累，有時睡不飽，背都拱了、媽媽手又痛了，吃飯不能好好吃，總是要忙著餵他、顧好活潑的他，忙到懷疑人生。我常有時喘口氣，看到鏡中狼狽的自己，都覺得老了不少。

但，人生再來一次，我還是絕對不後悔有了他。

當一個母親，這是我最幸福的事，最甜蜜的負擔。

雖然有時會因為他不乖而唸他，但是晚上看著他熟睡的可愛臉龐，忍不住親了一下！寶貝啊，媽媽實在好愛你啊！

想著當時總失落地遇到月經來，一直沒懷孕，忐忑的去做

試管，鼓起勇氣每天自己打針在肚皮上，經歷了失敗，好不容易有了寶貝，生產時的恐懼和勇氣，到聽到你第一聲哭的不可置信。

一切的一切，都讓我永生難忘，感謝上天，讓我有過這些經歷，更懂得去愛、去珍惜。

每一天看著你的成長，好希望你快點長大，又好怕你太快長大。現在的你，這麼的需要我、黏著我，抱著我，有時候我也會累、會有情緒、會好想休息……，但想一想，你再黏我能有幾年呢？

未來，你會有你的生活、你的朋友，你求學可能不在我身邊，你也許會遠在他鄉，也許……我不再那麼常見到你了，甚至抱著你，我也害怕，我活得不夠久，不能陪你太久，看到你未來的每一刻。

那麼，現在，就好好地黏我吧！

我會好好珍惜你黏我的每一天，叫媽媽的時候，你睡前要摸著我的臉，醒來要第一眼看到我才有安全感。

你是如此的愛我，這樣的愛，我是何德何能才能擁有。

寶貝，謝謝你來當我的小孩，讓我有了母親節。

雖然我不是完美的媽媽，但我是最愛你的媽媽。

謝謝你黏我，我的寶貝。

雖然不知道你會黏著我多久。我會永遠記得你現在黏在我身邊叫「媽媽」的可愛模樣！

・・・

給小豬寶的話

　　很快地，小豬寶就兩歲了。還記得剛出生時第一次看到他，那樣的感動還歷歷在目，怎麼轉眼間，他就會走會跑，還會講話了呢？時間真的過得很快。

　　有時候，會希望他快一點長大，我就不用那麼累的照顧他，但有時候，又怕他太快長大，有一天黏著我、要討抱的小孩，就不再這樣黏我了呢？我可能會很失落吧！這樣糾結的情緒，真的自己想起來都覺得有趣。

　　現在的小豬寶，會說話，也會溝通了，也似乎都聽得懂我們在說什麼，他也會表達自己的需求。雖然話講得不清楚，但學習的速度很快，可以快速的把我們說的話複製說出來，模仿我們，有時也會讓我訝異他的成長。他不再是嬰兒，而開始是一個小男孩了！

　　有時會害怕，自己陪伴他的時間會不夠長，不能參與他的人生，不知道能不能看到他唸完書、出社會，甚至結婚呢？有

時想著就覺得自己想得太多、太遠。但有了孩子後，想的東西也不同了。

　　有時會想，等他長大後要怎麼教育他，要怎麼帶他去學習欣賞這個世界的美好，以及瞭解那些不美好。但我現在能給他的，就是：「來～媽媽抱抱！」看著他開心的小跑步，衝到我的懷裡，笑的眼睛都瞇在一起了，這樣的幸福，是人生中最棒、最美，最奢侈的幸福。

　　我會對你有什麼期望或期許呢？其實我想得不多，我只希望，你能平安健康的長大，只要這樣，就好。在這個世界上，有什麼事情比平安更重要呢？

　　再來，我希望你能一直保持著這樣純真的笑容。你懂得欣賞世界的美好，人性的美好，也能把這樣的美好帶給身邊的人，做一個心地善良，溫暖敦厚的人。

　　如果你很聰明，這是你的天賦，如果沒有，也沒關係。我希望你做自己，不管求學工作，都能去做自己喜歡的事，我也能全力支持，我不會要求你完成我的夢想，而是，你為你自己去做你真心喜愛的事。

　　或許，你會在成長的路上遇到不少困難，請記得一句話：「聰明是一種天賦，善良是一種選擇。」就算跌倒、吃虧，你也不要因為傷害而變成了去傷害別人的人。保護好自己，但也記得伸出手來幫助別人，因為媽媽有告訴你要當個暖男喔！

　　你不用很優秀，但你要當個懂得幫助別人的人，要知道感恩，要懂得珍惜，媽媽期望能夠遇到你的人，都能感受到你的溫暖。你把自己顧好，也要多付出給社會，媽媽才會驕傲自己有一個很棒的孩子！

雖然你現在有點調皮，有時候不太聽話，媽媽覺得要好好教導你，有時也會很累。但現在沒有好好教你，以後教不好，會影響到別人。所以我願意在你還小的時候，多花點心思陪伴你、教育你。

　　有了你之後，媽媽我也在成長，老實說，有了孩子才邊當媽媽，邊學習。小孩是來磨練我們，也讓我們變得更成熟、變得更堅強、更好！以前的我，不太會替別人想太多，現在會多想，也會希望自己能有好的身教，才能成為你學習的對象。

　　有了小孩，一切都變得很不容易，也不再輕鬆，但是再來一次，我還是會選擇有孩子。因為孩子能給我們的，比我們給他的多更多。

　　你能為我帶來的快樂，比起我們的辛苦，真的多太多。

　　我會好好珍惜，現在每一次被黏、被抱抱的時光，這是上天給我最好的禮物！

　　小豬寶，媽媽每天都要說「我好愛你」，陪伴著你長大，每一天，都要讓你知道，媽媽真的好愛好愛你！

Chapter 4

愛是用心經營、
持續累積

不愛也是慢慢累積而成的，
在愛裡不斷地努力，
才能收穫幸福

8

全職媽媽 or 職業婦女？

　　自從懷孕後，就在思考未來要怎麼帶小孩，我想每個媽媽都有這方面的考量和規劃。很多女人成為母親後，都會想要當全職媽媽，自己帶小孩，但是我一直以來都很清楚我是無法一直當全職媽媽，因為我很喜歡工作，雖然說我的工作是比較自由彈性，但我也怕自己能力應付不來把工作和小孩都兼顧的好。所以，我自認為自己比較適合當職業媽媽。

　　人家常笑說，女人當了媽媽怎麼當都不會滿意，當全職媽媽的會羨慕職業媽媽有工作、有收入，不跟社會脫節。當職業婦女的，卻常因為工作忙碌，在育兒和事業中總是難以平衡，陪不到小孩，又怕有罪惡感。怎麼選，都不會完美！（奇怪，男人就不用煩惱這方面的問題？）

　　在生完小孩、做完月子回家後，很感謝老公貼心的還幫我請了一個半月的月嫂，幫忙照顧小孩、做家事、煮月子餐給我吃（所以其實我做了快 3 個月的月子），讓我帶小孩回家不會馬上手忙腳亂，也不會太累，加上有時婆婆會來幫忙一下，所以我算是月子做得很好，也休息復原的很足夠。小豬寶帶回家後也 10 天後就睡過夜了，算是作息調整得很好！

我在懷孕的時候，就有去參觀家裡附近的托嬰中心，因為覺得之後要工作，如果白天可以送托嬰是比較適合的。看了幾家，後來選了一間蠻喜歡的，就訂了下來。

　　後來發現早點參觀、早點訂托嬰中心是對的，因為托嬰中心不多，好一點的、喜歡的都實在太搶了，要卡位要快，我有些朋友在小孩生了幾個月才看月子中心，就不太可能找得到名額了。

　　懷孕那時，在找托嬰中心和找保母中有做選擇，朋友有推薦不錯的到府保母，但已經預約不到了（大家手腳有多快？驗到 2 條線就找保母了嗎？），上網找保母，但是面試或電話聊聊都覺得不太適合（其實真的很花時間）。後來想想，如果找到府保母，也要有足夠的信任，如果你們不在家，是不是安心？還是都要有家人在家裡？這樣也很不方便，畢竟大家都忙。所以思考過後，還是覺得托嬰是比較適合的。

　　所以我們在小豬寶 5 個月左右送托嬰，我每天 8～9 點送他過去，下午 5 點多去接他（其實可以晚一點接，時間很彈性，但我如果沒有事就會 5 點接回來），一開始比較擔心也怕看不到小孩的狀況，所以托嬰中心的老師人很好讓我們在寶寶床邊裝一個小攝影機，可以看到寶寶在床上的狀態。但後來小豬寶會爬，不待在床上後，我們就沒有用攝影機看了。我想也是對托嬰中心的信任度很足夠吧！讓我覺得小豬寶每天去都很開心，也完全不會分離焦慮，老師的照顧也很

好。

　　很多人會怕小孩上托嬰是不是小孩很容易生病？當然會生病，就像上幼稚園也會生病，一開始也會因為小豬寶感冒而覺得很累、捨不得，也有在家休息幾天。生病也是每個月都會來一次，這時爸媽的心臟真的要強，也要有足夠的時間後援，但是過了容易生病的時間，後來小豬寶的身體也好多了。

　　很多人問我送托嬰的事情，我都說，找到喜歡、信任的托嬰，送托嬰很好！而且托嬰的老師都很專業，可以告訴妳很多育兒的知識，像我是新手媽媽很多不懂，都會問老師，老師給的建議都很好。加上如果小孩會爬會站會走，托嬰中心有蠻多活動設計給小孩玩耍，玩具教材也很多（我們自己家裡不可能買這麼多），還有體適能老師、音樂老師會來帶小朋友上課玩一玩，天氣好還會去小公園放電，我覺得很棒！

　　但看到蠻多人選擇當全職媽媽時，我也會疑惑自己送托嬰是不是就不是好媽媽？（妳看，好媽媽魔咒又來自己綁死自己了），很多人說：「小孩成長只有一次。」所以我們要犧牲自己去陪伴小孩，參與他成長。但是，**媽媽的人生也只有一次啊！我不可能因為有了小孩，我就不工作、不做我喜歡的事，我不只是為了小孩而活，我也為自己而活啊！如果我不快樂，我怎麼用一個快樂的心態去帶小孩呢？**

　　很多人會說，捨不得送托嬰、小孩該上幼兒園了也捨不

得送，我想這是每個人的心態和選擇的問題，送不送，沒有正確答案，只要妳覺得對妳和孩子都好，就好。但如果只是單純自己心態的捨不得，我想，媽媽要適時學會放手一下，不要逼自己，也不要怕小孩離開自己（妳放心，還沒那麼快離開的）。雖然說，一開始我也會有捨不得的心情，但是後來我發現，不必這麼執著，放下後發現一切更好，我們不可能一直把小孩綁在自己身邊，也該讓他去多看看，去學習成長！

　　說真的，我真的非常佩服可以當全職媽媽的人，超級敬佩的！那比上班、工作還要辛苦，24 小時無休的。只要帶過一天小孩就知道，真的是非常辛苦的，不是別人眼裡玩玩小孩這麼簡單。所以很多職業婦女都說，上班比較起來輕鬆太多，送完小孩上學，步伐都輕快了起來！哈！

　　我發現，我跟小孩也需要一點「距離的美感」，就像跟另一半一樣。我是一個很需要獨處的人，如果每天要我 24 小時和誰綁在一起，我肯定會很痛苦。有時在家會唸唸小孩，因為疲憊，一整天下來我的情緒會變得很差，但如果是送托嬰再去接小孩、陪他，我會有比較好的心情，情緒和精神狀況也會比較好。

　　而且，小豬寶在學校學東西很快，因為有同學、有比較大的小孩，也會比較有規矩、懂得群體生活。他也比較不會怕生，但有時實在太友善了，到處跟路人打招呼，哈！現在

他比較大了，會跟同學玩得很開心，有朋友，也有女朋友（他有喜歡的女生，還會去牽女生的手呢！），我覺得這樣很好。如果我自己帶，他可能每天只會看到我，也比較沒有同儕，也少了玩伴。更別說一直悶在家，他不會無聊，我都會發瘋了吧？！

　　我也很感謝我娘家，因為住得很近，我常帶小孩豬寶回娘家玩，讓爸媽陪孫玩，我還可以休息一下呢！因為另一半的工作忙，所以有時晚餐在娘家吃，小豬寶又洗澡、又吃飽，我再帶他回家，我真是標準的女兒賊啊！

　　我覺得媽媽一定要多找到育兒的後援或幫手，就算都沒有，也可找一起全職的媽媽當朋友，一起去遛小孩、互相照顧，讓自己不要太孤單。因為很多事情，自己一個人攬下，真的會太累。還有一定要培養另一半成為育兒的神隊友，千萬不要自己做太多，搞到最後沒人幫忙。

　　不管妳要找保母、托嬰還是當全職媽媽，請相信自己，只要妳快樂，妳愛妳的孩子，妳就是好媽媽。

崩潰的媽咪，
我想給妳一個擁抱

　　那天在小兒科診所外，聽到一個媽媽大罵小孩：「為什麼說了很多次，你都聽不懂？」聲音很大，旁邊的人都往她看。但媽媽已經沒有在管形象了，因為她崩潰了……

　　很多人不懂，以前的我也不懂，為什麼媽媽要罵小孩？有這麼生氣嗎？

　　我一直到有了小孩才懂，其實媽媽氣的不是小孩，是討厭的自己，是疲憊的生活，也可能是她的豬隊友。

　　那位失控的媽媽持續的罵著小孩，我看她一打二，推車上一個嬰兒，還有 2 歲左右的小孩，拿著診所藥袋（看來兩個小孩都感冒了），推車上凌亂的掛滿東西，還有一個剛買的便當。我想，這就是她晚一點會吃的，冷掉的晚餐吧。

　　嬰兒在大哭，小孩喝水吃藥，水灑了滿身，媽媽頭髮也亂了，又忙又亂的模樣看起來忙了一整天了吧？她好疲憊，她生氣，因為她是這麼的孤立無援。要先抱哭的嬰兒，還是處理另

一個小孩？

那一刻，我心疼的想擁抱她。因為我也是媽媽，我懂，我完全可以懂。

她罵完小孩推著車走了，嬰兒還在哭。我想幫小孩擦身上的水，但他們快速地走了。站在那裡，我好像也看到了另一自己。

有人問：「當媽媽，妳也會崩潰嗎？」

我會，常常會。我很懊惱，我覺得自己什麼都做不好。

當了媽後，我們要學會的接受自己很多的缺點、不美好、無能，與自責。我們沒辦法做好所有的事，然後我們生氣、懊惱……

有人會說，別的媽媽為什麼做得到，妳不行？妳的小孩怎麼會生病？妳一定是沒有做……才會……？為什麼別人會，妳不會？於是妳不斷懷疑自己。

但他們不知道，職業媽媽下班比上班累，全職媽媽沒有下班時間。

更多時候，我們是無助，是無援，很多時候沒人可以幫我們。我們累到控制不了自己情緒，然後又對失控的自己感到懊惱，不斷地重複。

但是看著自己孩子的笑顏、睡著的天使臉孔，我們從不後悔擁有孩子。或許，有的人後悔的是婚姻，但沒有一個母親後悔生下孩子。

成為母親，是了解自己脆弱的過程，也是培養自己堅強的捷徑。妳才知道，自己可以弱到什麼程度，強大到哪裡。

於是我了解，生活本來就很多不美好，我們掙扎著求生，

為黑眼圈蓋上遮瑕，為不美的生活找到我們愛上它、活下來的理由。

崩潰的媽媽，妳是，我也是，我們都是。

當妳晚上忙完小孩洗澡、餵飯，陪玩、哄睡後。撐著疲憊的身體，吃著那個冷掉的便當，也變成了人間美味。即使還有水槽的碗要洗、洗衣機滿滿的衣服……

親愛的，Life is tough。我們都要給自己一個擁抱！

神隊友 vs. 豬隊友

　　朋友總是抱怨老公要叫了才會動，家事和育兒都不會主動幫忙（請注意，千萬不能亂用「幫忙」兩字，因為這不是妳一人的事），她說老公都要聲控才會做事，真的很累⋯⋯

　　我笑說：「叫了會動還算好事啊！代表他還聽得到、還活著，很多人叫了也不會動耶⋯⋯」

　　「好吧！至少他還叫得動、願意做，我要知足了。」有朋友說老公像活屍，手只剩下滑手機的功能。

　　另一個朋友說：「好恐怖，女王妳要叫單身的朋友審慎的考慮、縝密的觀察，千萬不要等到結婚生子才發現另一半不會動！」聽了突然笑出來。

　　「但是，他們在婚前應該都動得很勤快吧？到底是怎麼了？」這是一個好問題。有誰能解答？

　　有時聽聽抱怨，覺得自己的另一半真的是個好隊友，他不用聲控（我也不用開口），就會自動去做。像是我忙著哄小孩

睡，才走出房門，他已經把衣服洗好、晾好、奶瓶消毒好，有時我一忙，他就把水槽裡的碗盤洗好了。

我有時跟他說：「那個我來就好……」他就說：「不用啦～妳走開！我來弄，我洗得比妳乾淨。」（認真貌）（我的內心話：好喔～那就交給你囉，哈！）

朋友說：「認真覺得，這樣的好隊友，才值得跟他結婚生子。不然一結婚就老 5 歲，再生個小孩又老 10 歲了……婚姻幸不幸福，就看女人的滄桑程度。」聽了嚇一跳，趕快拿起保養品默默的擦……好久沒好好保養了，姐也會怕！

「我說的是滄桑，不是老。心裡不幸福不快樂，那都是寫在臉上的。騙不了人！」或許是吧？！

有天直播聊到，我覺得婚姻真的很不容易。不再只是浪漫的愛情，而是兩個人生活上互相的支持，很多需要協調、配合、取捨的事，還有妳要甘願去做那些妳不喜歡，但為了家庭必須要做的事。譬如說：妳不愛的家事、妳不愛的親戚……

有了小孩，兩個黑眼圈的人還要忍受疲勞、情緒壓力，去體諒對方，把辛苦的事情接下來做，只為了讓另一半可以喘息一下。這一些……都很不浪漫，也很不容易，但都是婚姻生活得大小事。

如果對方不願意主動給妳援手、支持和力量。那真的很難走下去啊！

如果妳怕自己未來進入感情、婚姻會遇到豬隊友，妳可以看看他是說得多、還是做得多。不要看追求妳的時候拚了命要去摘星星，而是遇到了困境、難題時，他的態度。還有吵架之後他的態度。

他會主動解決還是擺爛？他會逃避問題、都怪妳、怪別人，還是他會讓妳安心，去解決問題？

他有沒有責任感，還是都是我媽說……，他會處理好自己的生活瑣事，還是生活白癡？他對之前的感情是怎麼處理的？他凡事都以自己為出發點，還是會把妳當作未來伴侶一起努力？

妳都可以看得出來一些端倪，只是妳要不要面對，別誤以為妳可以改變。不情願的事情，勉強彼此，只會痛苦。

千萬不要想用結婚生子來改變對方。不可能！

媳婦們，請放下婆家把妳當家人的執著

女人總是希望婆家把自己當女兒看待，但這真的只是妳的執著！

看到有人討論女生遇到惡婆婆而自殺的新聞，很惋惜也很氣：「為何不是離婚而是自殺呢？」或許有苦衷吧。自殺，心痛的是妳真正的家人，而不是不把妳當家人的婆家啊！

很多女生期望結婚後，婆家把她當家人看待，常有人問：「為什麼他們不能把我當家人呢？」

我倒是很疑惑，為何一定要他們把妳當家人？如果他們對妳不好、合不來，妳就好好當「外人」就好了啊！外人不用做家事，不用管家事，多好？不然，當「客人」也不錯。

妳越期待別人當妳是家人，妳越失落。何苦？

朋友說：「妳又不是親生的，沒血緣、沒養育之恩，家產也不會分妳，當然不是家人啊！」

當然，遇到好的婆家，真的覺得像家人，像我公婆對我的

好，完全不輸我爸媽，甚至疼我疼到我會很不好意思。我也真心把婆家當家人（遇到好婆家真的很感恩）！

但如果沒有家人的緣分也不用勉強啊！為何覺得別人一定要喜歡妳？妳以後也不一定喜歡妳兒子的女朋友啊！問一個實際一點的問題，妳若有一個幾克拉的鑽戒，妳會傳給女兒還是媳婦，妳自己也會毫不猶豫的說：「給女兒」吧，所以說，媳婦和女兒本來就不一樣，沒什麼好比較的啊！

我覺得，喜歡、合得來，就當家人；反之，就當不熟的長輩就好！

妳不需要迎合、討好對方家庭而委屈自己，甚至被糟蹋、傷害，還怕別人不喜歡妳？喂！妳爸媽會難過好嗎？

如果婆家對妳不好，妳也可以不用理他們，過好妳的日子就好。不用給別人機會傷害妳！時代真的不同了，並不是結婚就是夫家的人，如果他們對妳不好，妳也不用受委屈啊！

放下對方一定要把妳當家人的執著，妳會更快樂，相處更輕鬆（我常覺得跟婆婆相處輕鬆的很像好姐妹）。而這樣如果對方對妳好，妳會更感激，如果對妳不好，妳也不會太失望。

而且不要覺得人家一定要把妳當女兒。媳婦就不是女兒！也不要強求對方一定要待妳像家人，如果遇到好夫家把妳當家人愛，妳自然要感恩珍惜。如果沒把妳當家人，那就快樂當外人也無妨。不強求、不期待，不會受傷害，妳也不會不快樂！

因為對方喜歡妳不是應該的，就像妳未來也不一定會喜歡妳兒子的女朋友啊！

說到婆媳問題，我想到女生朋友曾說過一句話：「我是結婚，不是坐牢！」

這句話很直接，也說得沒錯。這位女生朋友婚後還是會跟姊妹淘出去小旅行，於是有人問她：「妳自己出去玩，婆婆都不會說話嗎？」朋友不解：「我老公都沒說話啊？我是結婚又不是坐牢！」（霸氣）

　　想到另一位已婚女生，美麗又事業有成，也很愛購物買名牌。於是也有熱心人士問：「妳這麼愛買東西，妳婆婆都不會說什麼嗎？」她老公馬上跳出來說：「我老婆買東西有什麼問題嗎？」她婆婆也說：「我媳婦要做什麼都是她的自由，我支持她！」（是不是好霸氣）

　　但另一個女生朋友就沒有這麼好運了，她婚後工作賺錢買東西給自己，網購都不能寄到家裡，都要超商取貨，因為怕婆婆還是老公說話。於是她的車上都塞滿了不敢帶回家的戰利品。

　　結了婚的女人就知道，婆家好不好，真的是婚姻幸福的關鍵！對方的家庭、家人關係，相處的好不好也會影響夫妻感情、影響妳的心情。

　　也有人說，婆媳問題其實還是婚姻問題。進入婚姻的人都會告訴妳，家人真的很重要，不要以為愛情最大，難搞的家人關係，最終還是會毀滅妳的愛情和婚姻，而且比妳想像的還要快！我聽過太多婆媳問題離婚的例子。

　　其實，會不會有婆媳問題，最重要的還是另一半的態度，還有妳自己的心態。妳覺得是問題，就是問題，妳覺得不是，誰也傷不了妳！

　　說到婆媳相處之道，我曾在書裡有寫過，就是：「有禮貌的做自己！」

　　除此之外，還有「距離的美感」，這真的太重要了，最重

要的還是不要跟公婆住一起，有距離美感，感情就會好（其實跟自己的爸媽也是啊）。

　　還有妳的大前提「不要讓自己父母受委屈」。如果結一個婚要讓妳父母委屈，要讓妳卑躬屈膝，還不讓妳回娘家（這什麼年代？），又為何要這樣作賤自己和妳父母？

　　我的人生哲學就是：「你對我好，我會對你更好，你對我不好，我只會不理你。」我才懶得對誰不好，浪費我時間又會造業。

　　說到底，更重要的是，快不快樂比有沒有結婚重要。幸福快樂從來不是勉強！單身很好，不要亂結婚。最好妳要經濟獨立，婚後不仰賴婆家就有自由。

　　我很幸運，遇到很好的公婆，他們尊重我也疼愛我，這也是我會結婚的一大原因。如果妳未婚，我誠心建議妳要把這部分考慮進去。

　　我婆婆人很好，她也不解為什麼有人會有婆媳問題，她說：「像我都覺得兩個媳婦都很好！」難怪她快樂、美麗又有福氣！

· · ·

為了小孩忍受的婚姻，
真的對小孩好嗎？

　　看到網路上有人問，另一半對自己有暴力行為，不只身體還有言語上，還會在小孩面前，但「為了小孩」，所以忍耐……

　　於是有人說：「為什麼是為了小孩？」老實說，小孩真可憐，妳真的是為他好嗎？小孩快樂嗎？妳不覺得對小孩是傷害嗎？

　　然後，等小孩長大了，再情緒勒索：「我都是為了你……為了這個家……」所以很犧牲、很偉大，如果妳是那個小孩，妳怎麼認為？

　　曾看到有人說：「為了小孩，其實是逃避面對問題最好的藉口」，事實上都是為了自己。

　　看過不少忍受著常人所不能忍的爛婚姻、糟糕的伴侶，很多不能離開的原因都是經濟上仰賴另一半。怕沒謀生能力、更怕沒經濟無法爭取小孩，所以只好忍耐。

　　真的，時代不同了，不要再覺得能被養是幸福，是不是不幸，以後的事妳不知道。就算只是暫時的離開職場，也要保有

能力回歸，或理財規劃，開發可以兼顧家庭的工作，為自己多多打算。

朋友說：「當你手往上伸，氣勢就不同，連購物的自由都漸漸失去。有些婆家看你的角度也會不太尊敬。就算你是付出很多的全職媽媽，婆家還是會覺得你都在花他兒子的錢。」（也沒想是幫他省了多少錢）

我見過「為了小孩」忍受的不幸婚姻，夫妻間都沒有愛了，只有批評和咒罵，但為了某些工作的利益，還是對外要維持假面夫妻形象。小孩年紀很小，但很明顯的感受他很沒安全感、不快樂，跟一般的孩子不同。

雖然會想:「這樣好嗎？」但一邊罵老公爛，又死不離開（我才不想讓他這麼好過得神邏輯），旁人勸到不敢勸，只好閃避。

為了小孩好，到底好與不好？或許，你該聽聽小孩的想法。現在他還小，但有一天他會告訴你。

所謂健全的家不是雙親健在，同住一起，彼此還在婚姻裡。**讓孩子身心健全，是有愛的家，或是雖然不相愛，但願意給孩子愛的父母**。

沒有愛的家，你願意忍受，但小孩能說他不願意嗎？

當男人説：
「孩子是妳自己要生的！」

　　朋友說第一次勸人：「不要生小孩！」我問為什麼？她說朋友哭訴生了孩子，老公外遇，家用又愛給不給。等她好不容易找到工作可以養自己，老公要她自己付小孩學費，理由是：「孩子是妳自己要生的！」

　　大家聽了很詫異、很火大，瞭解了一下才知道，女生當初識人不清，又奉子成婚，因為老公太爛，朋友紛紛「勸離」，大家覺得女生有能力賺錢，就算當單親媽媽自己養小孩，也總比跟爛人在一起好（反正也過得像單親）。

　　但女生卻說：「但我還想生第二胎耶！」朋友們聽了紛紛搖頭……

　　有些人的執著和傻勁的確讓妳感到無奈，想生第二胎很好，但不一定要跟同個人生吧？下一個爸爸或許會更好啊！為什麼不離開爛的，等遇到好的再生？

　　只是為了想生，不是對孩子很不公平嗎？

看了很多婚姻問題，我真心的覺得選對另一半很重要，夫妻可以離婚，但孩子是兩人共同的責任和牽掛。

或許為了孩子，妳要多想想，如果生在沒有愛的家庭，沒有快樂的媽媽，孩子的成長一定會受影響。如果另一半太差勁，對孩子也是負面教材。將來他要怎麼去愛人？跟妳或另一半學習嗎？

我常覺得，如果妳忍受不幸的婚姻，只是為了孩子，或許會覺得自己很犧牲、很偉大，但或許孩子不會這樣想的。父母通常是孩子的學習榜樣，妳總是忍耐，委屈自己，未來孩子遇到了不幸，會不會也學妳忍耐、受委屈？

如果妳在不快樂的婚姻每天愁眉苦臉或充滿怨恨，孩子會不會也充滿負能量？甚至怨恨妳為什麼要活得那麼辛苦，自己不快樂還要把恨帶給他？很多在這樣家庭長大的人，都會這麼說。

為了孩子，我們或許更要審慎的選擇步入婚姻的對象，就算不幸福，我們還有改變、讓自己過得更好的勇氣！

聽了不少不負責任的男人會對女生說：「孩子是妳自己要生的」，儼然是「捐精者」，但或許，他真的本來就不愛孩子、擔不起責任，妳又何苦想用結婚生子改變他？

很多女生嚮往婚姻，但並不是結了婚就代表幸福。而是真實的婚姻生活是不是幸福？如果不幸福，真的單身會更好。

最重要的是，**不要把幸福都押注在對方身上，他不給妳幸福，妳就不幸了嗎？並不是。**

是婚姻綁住妳，還是妳綁住了自己？

不必再宿命，妳的幸福決定權，應該在自己手上。

結婚生子是為了防孤單、
老了有人照顧？

常聽到很多人會評論未婚、未生子的人：「妳不怕以後、老了沒人照顧妳嗎？」甚至說：「不結婚會很孤單、沒生小孩以後沒人陪伴！」

尤其是過年時，大家應該聽過不少吧！許多不熟親戚、長輩的「關心」（所謂關心其實是用自己的價值觀評論別人的人生）。

我總是覺得聽起來哪裡不對勁。基本上，照顧好自己，本來就是一個人最基本的責任，怎麼會把這責任推給別人呢？

難道，妳單身，就不該把自己人生過好嗎？妳有伴，就不會照顧自己了嗎！妳有了孩子，就要他為妳的後半生負責嗎？

這真的是很不成熟、自私的想法啊！我常覺得，有這種想法的人，即便有伴、已婚、有小孩，也會覺得孤單，因為他們不獨立，總期待別人來圓滿他的人生，而不是先豐富自己的生活。

而且，談了戀愛一定比單身快樂嗎？結了婚就保證幸福永遠嗎？妳希望老了有伴，如果這個伴讓妳痛苦、無愛，別說他照顧妳了，你還怕他拖累妳，擺脫不掉呢！

我也有聽過不少用孝順綁架孩子、想控制孩子人生的父母，覺得自己的不快樂都是孩子不照自己的心意。還有太過依賴、干涉孩子婚姻生活。他們常覺得孤單，是因為不放手、不懂得尊重，不會好好過生活。

如果一個人不會把自己的生活過好，總是想要拉別人來為他的人生負責。其實對別人來說，再愛也是會累的！

當然，有一段愉快的感情、幸福的婚姻、快樂的親子關係，可以讓妳生活更美好，互相依靠、不會孤單。但，所有關係的前提還是，妳與自己的關係。

學習獨立、享受獨處，懂得過生活、照顧好、愛自己……讓自己成為一個擁有愛、付出愛的人，還有最重要的是擁有經濟能力。妳才不會成為一個整天害怕沒有人愛、沒有人照顧的恐慌者。總是等著人照顧，太辛苦。

對我來說，**另一半或孩子都不是為了將來照顧我而存在，而是，我能帶給他們多少愛，我們能一起創造美好的生活。**

我會說：「我會先照顧好自己，因為我更想要照顧你。」

其實，很多單身的過得很好，一點也不孤單。沒有生小孩的，婚姻也很幸福。很多未婚的朋友過得比已婚的快樂！

所以，那些「怕妳孤單」、「怕妳不幸福」、「怕妳老了沒人照顧」的人，就笑笑帶過吧！因為，他們比較需要顧好自己先。

心裡孤獨，有伴也是寂寞。

No.43

...

生了孩子，
才知道老公好不好？

在坐火車的時候，看到一個媽媽推嬰兒車帶著 2 個小孩，手忙腳亂的要泡奶給小孩喝，她對著旁邊一直滑手機的老公說：「你可以來幫忙一下嗎？」

沒想到他看了一眼，什麼也沒做，繼續滑手機，好像不關他的事。（我本來以為他只是隔壁乘客，沒想到是孩子的爹，傻眼！）

這位媽媽一個人顧著兩個孩子和嬰兒車，爸爸活得好像單身？！（先生，你是捐精者嗎？你有盡到為人父、做老公的責任嗎？）

看到這裡，我真的很火，轉頭跟我另一半說：「你以後不會這樣吧！你是好隊友對不對？」（瞪）

他說：「當然，我會主動做！」

時常看到這樣的場景，媽媽忙得手忙腳亂，活得像單親，爸爸悠然自得，過得像單身。

想一想，到底為何要跟他結婚生子？就算單身、單親，都好過跟這種沒責任感的人在一起消耗自己！

在懷孕的時候，我很感謝有一位好隊友體貼的照顧，怕孕婦我肚子餓，早上 6 點多爬起來熱滴雞精、做早餐給我吃。嬰兒用品也是他在做研究要買什麼（我孕期常處於放空狀態）。

所以說，一個人疼不疼妳，不只是嘴巴說說，是真的去做！不是嗎？

朋友說：「生了孩子，才會知道老公好不好！」真的深深認同。

認真奉勸未婚的女生，眼睛真的要睜亮，男人條件再好、多帥、多會甜言密語……，如果沒有真心疼惜妳，願意跟妳一起分擔辛苦，真的不要隨便結婚生子。（當然，男女都是）

（老實說，通常我看這類很廢的豬隊友也不帥、條件還比女生差，還有的要老婆養……，很難找到什麼優點，為什麼還可騙到老婆？這可能也是不少優質單身男不懂的地方？）

再深的愛，
也抵不過心累

　　最近聽到幾個人談離婚，都不是常見的外遇，而是相處不合。乍聽之下，妳也會疑惑，不合怎麼會結婚？我想這就是婚姻奧妙之處。

　　當妳到一個年紀，聽到身邊離婚會比結婚多，好像也不會太大驚小怪。但，為何曾經相愛、妳覺得最懂妳的人，怎變成不合的人？

　　他們說：「因為不想忍耐，結婚後才發現相處、生活真的很難，結婚後對方就不是婚前的樣子了……」所以說婚前表現的太好了？

　　問了很多朋友，他們說：「因為家人介入、婆媳問題，覺得好累……」

　　「因為兩人都不想經營感情，吵架就說重話，或是冷暴力，久了也吵散了。」

　　「因為理所當然，覺得女人就應該包辦家事，但我們是雙

薪，我也要工作啊！」

「因為求子壓力，對方是獨子一定要我生，但一直失敗，最後也放棄了……」

聽過很多，其實很多並不是第三者，而是感情很難維持。遇到生活、人性的考驗，慢慢的感情一點一滴的消逝了……

很多時候，因為結婚了，彼此都會覺得既然都是家人了，就不太會注意講話的態度，而變得沒有禮貌，說話難聽，不會顧及對方感受……，而且吵架也不太會和好、甚至也不太會道歉，覺得既然都是夫妻，又何必在意那麼多，多多包容就好。但事實上，並不是這樣的……

很多夫妻的感情就是在這樣不用心經營下，慢慢的磨損了感情，放在心裡沒有說出來的憤怒不滿，累積久了，總是會有受不了的時候。有些人會說：「他又不是故意的！」、「他人不壞，就是嘴巴壞了點……」我常說，既然有豆腐心，又何必要以刀子口呢？用刀子傷人，怎麼樣都會在對方心裡留下痕跡，受傷的人或許不會說出來，但一點一點的傷害可能最後壓垮了你們的感情。

友人說了一句：「縱使有再深的愛，也抵不過心累。」而，讓妳心累的原因是什麼？

可能只是對方情緒的一句話，他在妳付出時澆冷水，在妳需要幫助的時候沒有站在妳這邊，在妳很累的時候說風涼話，他想與妳分享快樂的事情時，妳否定了他。他努力對妳好時，妳拒絕了他。

有人說，最在意的是另一半在她受到對方家人不公平的待遇時，沒有挺她。如果在妳受傷的時候，身邊沒有人可以依靠，

可以保護妳，甚至還責怪妳、說妳想太多了……這樣久了，難道不會心累嗎？

很愛妳的人，在一次次的冷落和傷害後，累了。心累了就很難找回當初愛妳的熱情。

愛很強大，也很脆弱。

或許，我們更應該珍惜願意愛我們的那個人。累了，就回不來了！

變成室友的婚姻關係

「變成室友的婚姻關係，還要繼續嗎？」

朋友聊到和另一半就像室友一樣，不同房，也沒交集、沒話聊，連旅行都不會跟對方一起（各自出去玩），也不太一起吃飯（各自點外送），這樣的婚姻，到底是為什麼？是分租的室友嗎？

「有人說這是只剩下蹭飯的婚姻，但你們連飯也沒一起吃……」

「我也想過離婚啊，反正也沒小孩。但家人說他又沒犯錯、沒外遇，這樣很穩定，為什麼要離婚？」

「原來是要有人犯錯才有離開的理由？那不相愛了、不在乎了，還要綁在一起嗎？」

其實我比較想了解的是，為什麼一段感情會變成這樣？會走到沒話可說這一步？一開始不都是相愛的嗎？

她說，人都會變，慢慢的兩人追求的生活不同，有人想安定

就好、有人想力求更好，如果興趣又不同，慢慢的也會沒話題。

女生喜歡交朋友、喜歡參加活動，忙於工作、社交，想要追求更好的生活，但她老公跟她完全相反，只想要穩定生活、不喜歡交際，只想做固定的工作，不升遷也無所謂。所以兩人觀念想法越來越不一致，也不太會一起出去跟朋友聚餐、出遊，甚至在 FB 都不放合照。想法的不同，讓兩人越走越遠。

有些人在婚後，不再想保持好的形象，懶得經營感情，覺得說話難聽一點、脾氣差一點，對方都應該包容接受。這種理所當然的隨便態度，也是感情的慢性殺手。

很多人說，為什麼婚後變成另一個人？甚至很多人說婚前和婚後差很多⋯⋯

大家都以為，感情擺著就不會變，但沒有好好保養、細心呵護，感情真的會變。我們常怪別人為什麼不愛了，殊不知可能是我們慢慢的讓愛情消失了⋯⋯

像室友一般的婚姻，只是擺著、不在乎。誰也不想用心，也無心去經營感情了⋯⋯聽起來有點難過。甚至有人變成冷暴力，根本不想和對方說話⋯⋯這樣的關係，說好聽一點是家人，難聽一點就是室友，再慘一點就是陌生人了。

感情要繼續走下去，還是想離開？就看妳想過什麼樣的生活。

妳如果能有選擇權，我想，都是好事！

每次跟已婚的人聊天都覺得婚姻很難，我都笑說婚姻是修行。朋友笑說：「單身的人相對來說是幸福的！」對啊！單身很好。

我覺得，幸福不在於有沒有伴、有沒有愛情、婚姻。

而是，妳內心是不是真正快樂。

家庭教育
也會影響妳的感情觀

40 幾歲的女生朋友說：「我正在考駕照。」

「怎麼現在才考呢？」我問。

她說：「因為離婚後發現，沒有駕照，沒辦法開車載小孩很不方便。」

她接著說：「以前年輕時想考駕照，但家人說給男人載就好了，女生幹嘛考？所以我很後悔。」說完大笑。

我說：「我剛好跟妳相反，我 18 歲就被我媽叫去考駕照，我媽說女人會開車，以後不用靠男人載，比較自由。而且吵完架可以把車開走，多帥……」

她說：「所以家庭教育真的有差耶！以前剛結婚時，我爸媽說女人結婚就不用工作，讓男人養家天經地義。」

「我媽說，結婚後一定要工作。她知道我要結婚，第一件事就是確認我會繼續工作。」哈，我媽難道不夠瞭解我嗎？

她說：「所以我以前傻傻辭職，在家當家庭主婦多年，現

在重回職場真的不容易，薪水也差很多⋯⋯」她好不容易打了離婚官司，現在也為新生活努力中，我也很心疼她。

聊著聊著，發現原來家庭觀念也會影響兒女的想法和人生。她說以前賺得多時想買房，她父母覺得女生結婚後就住男方家了，為什麼要買房？所以她錯過了買房的低點。

我剛好是 30 歲時，房價蠻低時，我媽逼我去買房，因為繳房貸才能讓我強迫儲蓄，不然都不知道錢花到哪裡去。所以我買了房，也辛苦的繳完了房貸（結果我媽後悔為何她自己沒買）。

我媽說：「妳要有自己的房地產，跟有沒有結婚沒關係。」雖然辛苦，但現在我很感謝她。

朋友說：「我一定要給我女兒不一樣的教育！時代不同了，女生真的可以不用結婚，但是要懂得過好自己的生活。」

以前還沒小孩我不懂，現在慢慢懂了，原來我們當家長的一言一行，一句話、一個想法都會影響著孩子，讓我更要學習「謹言慎行」，自己要做好身教，當孩子的榜樣。尤其是夫妻之間的關係，更是孩子對感情的學習，所以不要輕易在孩子面前吵架、罵對方，如果不幸福，在婚姻受委屈，也不要總是忍耐，因為，妳不希望孩子未來遇到「恐怖情人」的時候也學著忍耐。

當然，**每個父母不盡完美，如果我們在「原生家庭」受了傷，我們不要讓孩子複製我們的傷，而是用更成熟的態度去教育、陪伴我們的孩子。這一切，都是學習。**

感謝我父母對我的無為而治，讓我學習獨立，並尊重、不干涉我人生的所有決定。

（所以我爸媽都是走事後才知道的路線，哈！）

（要怎麼教兒子呢？要他做家事、學做菜，以後到女朋友家要洗碗喔～～）

他不是突然不愛妳了，
而是漸漸的失去了
愛妳的動力

　　一對感情很好的夫妻突然傳出了離婚的消息，看著 FB 他們不是不久前才慶祝結婚紀念日、才笑著拍下旅行的照片嗎？很多人問：「為什麼這麼突然？」

　　合理的猜測：「是有了第三者？」有人詢問過當事人，並沒有第三者。「是大吵一架嗎？婆媳問題？」也不是。

　　看到他們也沒因為離婚撕破臉，甚至很平靜地在各自 FB 宣布這個消息，也很有風度。到這裡，更令人不解了。

　　有人說，如果沒有鬧翻，為什麼走不下去？

◆　◆　◆　◆　◆

　　過了很久，才有機會從提離婚的當事人口中得知，他們是溝通的問題。也不是個性不合，只是不想忍耐。

　　單身的朋友問：「看起來很幸福的婚姻，要忍耐什麼？」

已婚的朋友笑說：「孩子妳不懂，婚姻就是無止盡的忍耐啊！」

是嗎？

兩個人在一起是快樂的，進入婚姻後，現實生活得瑣碎問題、柴米油鹽、教養和雙方家庭……不可能凡事順心如意，放大了缺點，小事變成大事，加上相處的摩擦、情緒，就足以毀了感情。

做個比喻好了，當妳以為幸福是一棵大樹那麼穩固，但妳每天不經意地刮一下、畫一下，覺得沒什麼，直到有一天傷口越來越深，風一吹了、一動搖了，就瞬間倒下。

妳很驚訝，怎麼會突然倒下？

就像很多人以為不愛了是瞬間、突發的，但其實，不愛是一種累積。

經歷婚姻的我才懂，原來就算結婚了，感情還是變動的，並不代表他一定就會愛妳一輩子，妳也不一定會像結婚時那般愛他。人都是會變得，變動才是恆常，所以不要以為只要結婚就代表萬無一失，而是在婚姻裡的每一天，都要用心去維繫感情。

可惜，很多人進入了婚姻後，並不覺得維繫感情是必須，反而以為永遠不變是必然。所以忽略了、錯過了、大意了、沒有放在心上了……慢慢的，愛就會一點一滴的慢慢磨損、消逝。但妳可能不會發現，直到有一天出現了巨大的裂痕、無法挽回的錯誤，才會知道感情已經變了。

沒有人會「突然改變」，而是慢慢的變化。感情也不是「瞬間消失」，而是緩緩流失。我們不以為意，直到警訊出現。

　　　　◆　　◆　　◆　　◆

　　他沒有欺騙妳，也不是故意不愛妳，也曾真心想跟妳一輩子，你們相愛都是真的。只是，他對妳的愛開始漸漸地……減少了。

　　就像那對別人眼中的幸福 couple，他們真心相愛，但生活中的某些小問題，慢慢的消磨了感情，當有一方累了 不想再忍耐了，就像是再大的樹，也會在多年的磨損後應聲倒下。

　　他不是突然不愛妳了，而是漸漸的失去了愛妳的動力……聽起來，好令人害怕，不是嗎？

　　每一段感情都是幸福的，而能夠一直幸福下去，靠的不是天意和好運，也不是忍耐，而是經營。

　　　　◆　　◆　　◆　　◆

　　在一個聽到別人離婚也不奇怪的年代，我們或許也要多思考，我們要的婚姻是什麼？要經營、努力的是什麼。

　　不讓感情變差，我們就要學習讓自己變好。

No.48

婚後，
才發現所有問題都會
解決愛情

　　最近聽到朋友聊到因為婆媳問題而離婚，她說住在一起的家並不是家，那是別人的家，不是自己的家。

　　想到我分享去婆家，蠻多人留言講到因為沒有住一起所以才有「距離的美感」，感情才會好。我很認同，任何關係都需要距離的美感。我也很訝異，現在還有不少婚後要跟婆家住？我自己身邊的朋友倒是都沒有住一起。

　　婚姻是「成家」，當然要有自己的家。不用買房，租房也很好。夫妻才會有自己的家庭，才能去創造你們想要的生活。

　　有人說：「如果對方家人堅持住一起呢？」

　　我真心覺得，如果這不是妳要的生活，這個婚也不一定要結。

　　婚姻就是生活，是找一個可以過生活得伴侶。再怎麼相愛，如果生活上不開心，外人的介入，都會影響感情。

　　妳以為感情很堅強嗎？事實上，它比妳想的還脆弱。你以

為愛情很偉大嗎？不，遇上了媽寶，妳才知道那才是偉大的親情。

人不一定要結婚，為了結婚把自己放低、委屈求全，忍辱負重，結這樣的婚？還不如單身。至少妳可以過想要的生活，不必奴化自己。

有個朋友因為沒有生子，在婆家的相逼下離婚（雖然檢查結果是男方的問題，但婆家還是認為是女生問題，做了很多人工試管後，還是放棄了），我覺得離婚對她來說是解脫，所以她現在過得很好。

結婚後，我常說單身的人要找對象一定要把對方家人納入考慮。

因為看了太多，你以為沒住一起就好，但想介入的還是不會放過。然後，愛就這樣被磨光了……

愛情不能解決問題，結婚也不能，更別說生小孩也不能挽救婚姻。有問題，無法改變就早點停損。

有沒有婚姻沒什麼大不了，你內心是不是真的快樂，過得是不是你想要的生活，這才是最真實的。

◆　　◆　　◆　　◆　　◆

婚前，覺得愛情都可以解決所有問題；
婚後，才發現所有問題都會解決愛情。

No.49

· · ·

如果人生重來，
妳會後悔結婚、
生小孩嗎？

　　記得常看到網路上這樣的討論，出乎預料地，很多女人說：
「不後悔生小孩，但後悔結婚（嫁給他）！」讓我很震驚。

　　有了小孩，我懂了愛孩子的心情，怎麼可能後悔生小孩呢？
至於婚姻，幸運的是，我有個好隊友，目前為止，我並不後悔。

　　但說到婚姻，孩子可能是婚姻潤滑劑，也可能是婚姻的殺
手。

　　如果妳的另一半是個沒有肩膀的人、凡事丟給妳，甚至讓
妳活得像偽單親。真的會後悔為什麼要跟他結婚？

　　我很晚婚，我想就是為了不讓自己後悔，所以在遇到了值
得信任的另一半才結婚。另一方面，也是看太多悲劇，更加謹
慎，寧缺勿濫。

　　很多人說在面臨婚姻時猶豫了、害怕了，或為了壓力，為
了不甘心。其實，妳的內心也在告訴妳，這或許不是對的決定。

　　聽蠻多朋友說：「如果在婚前妳會覺得有不安、懷疑，可

能就是有什麼問題是妳不願意面對，或這個對象是有問題的。」

　　很多女人為了年齡壓力，想屈就、逼自己、逼對方，想要在適合的年齡生小孩。我常會跟她們說，重點不在生小孩，而是，妳要找對孩子的爹！將來，妳才不會後悔。

　　有網友說，生孩子是個照妖鏡，也是個明鏡。照出妳嫁的人、妳的婆家好不好。但我真心希望，妳們不要走到這一刻才發現。

　　如果人生重來，妳會後悔結婚、生小孩嗎？

　　如果不希望後悔，人生的每一個重大決定，我們都要對自己負責。

玩藝 0103

不完美的你，笑起來最美

作　　者—女　王
藝人經紀—吉帝斯整合行銷工作室　任月琴
攝　　影—艾肯攝影工作室　鄧正乾
化　　妝—呂怡靜
髮　　型— hc hair culture -mia
封面設計—季曉彤
內頁設計—楊雅屏
責任編輯—周湘琦
協力編輯—王苹儒
行銷企劃—宋　安

總 編 輯—周湘琦
董 事 長—趙政岷
出 版 者—時報文化出版企業股份有限公司
　　　　　108019 台北市和平西路三段二四〇號二樓
　　　　　發行專線　（02）2306-6842
　　　　　讀者服務專線　0800-231-705、（02）2304-7103
　　　　　讀者服務傳真（02）2304-6858
　　　　　郵撥　1934-4724 時報文化出版公司
　　　　　信箱　10899 臺北華江橋郵局第 99 信箱
時報悅讀網— http://www.readingtimes.com.tw
電子郵件信箱— books@readingtimes.com.tw
時報出版風格線臉書— https://www.facebook.com/bookstyle2014
法律顧問—理律法律事務所　陳長文律師、李念祖律師
印　　刷—金漾印刷有限公司
初版一刷— 2021 年 5 月 21 日
定　　價— 新台幣 399 元

不完美的你，笑起來最美 / 女王作. -- 初版.
-- 臺北市 : 時報文化出版企業股份有限公司 , 2021.05
　　面；　公分
ISBN 978-957-13-8977-6(平裝)

1. 自我肯定 2. 生活指導

177.2　　　　　　　　　　　　110007131

加護靈

ただいま主動抑菌中！

病菌、流感、塵蟎過敏原

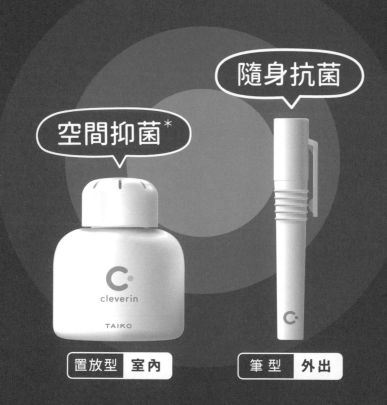

隨身抗菌

空間抑菌*

cleverin

TAIKO

| 置放型 | 室內 |

| 筆型 | 外出 |

SNQ
Safety and Quality

專利抑菌技術註冊號：特許第5593423號
SNQ防疫產品認證：置放型 國品字第B00063號
　　　　　　　　　筆　型 國品字第B00061號

了解更多